校银协同共建诚信文化教育基地研究

Xiaoyin Xietong Gongjian Chengxin Wenhua Jiaoyu Jidi Yanjiu

傅忠贤 侯丰荣 等 编著

西南财经大学出版社
Southwestern University of Finance & Economics Press
中国·成都

图书在版编目(CIP)数据

校银协同共建诚信文化教育基地研究/傅忠贤等编著.—成都:西南财经大学出版社,2019.4
ISBN 978-7-5504-3922-1

Ⅰ.①校… Ⅱ.①傅… Ⅲ.①大学生—社会公德教育—研究—中国
Ⅳ.①G641.7

中国版本图书馆 CIP 数据核字(2019)第 058105 号

校银协同共建诚信文化教育基地研究
傅忠贤 侯丰荣 等 编著

责任编辑:王琳
封面设计:张姗姗
责任印制:朱曼丽

出版发行	西南财经大学出版社(四川省成都市光华村街 55 号)
网　　址	http://www.bookcj.com
电子邮件	bookcj@foxmail.com
邮政编码	610074
电　　话	028-87353785
照　　排	四川胜翔数码印务设计有限公司
印　　刷	郫县犀浦印刷厂
成品尺寸	170mm×240mm
印　　张	13.5
字　　数	249 千字
版　　次	2019 年 4 月第 1 版
印　　次	2019 年 4 月第 1 次印刷
书　　号	ISBN 978-7-5504-3922-1
定　　价	79.80 元

我是你的眼 许海霞 / 164
寻“根” 何文杰 / 166
向着光亮那方 马蕊蕊 / 168
功利，在诚信面前一文不值 王伟 / 170
十年的老账单 刘兰 / 172
夜空中最亮的星 陈孝贵 / 173
“谎言”的戒尺 李梓汐 / 174
不信不立，不诚不行 洪越 / 176
与诚信一路同行 唐玉婷 / 178
繁花扬瓣，馨舞人间 晏妮 / 179
超越生命的承诺 黄玉婷 / 180
别让假聪明偷走安全感 纪婉琪 / 182
小家大国 罗琳 / 183
以诚动人，以信入世 郑艺 / 185
她抢了我的钱包，却让我成长 董盈丽 / 186
为诚信发声 李涛 / 188
凤凰欲飞于诚信 杨茜 / 190
“手”信 唐睿 / 192
诚信者，天下之结也 叶馨 / 194
诚信是立人之本 姜雯 / 196
坚守诚信 程竹君 / 198
借与还 周智龙 / 199
你有多珍贵，我都知道 肖玉 / 200
信与不信 徐汝岚 / 202
立身之基，兴业之本 郑金苹 / 204
后记 / 205

序一　建设诚信文化教育示范高校是落实立德树人根本任务的重要载体

2019 新年刚到，就收到我校财经管理学院送来的《校银协同共建诚信文化教育基地研究》书稿，邀我作序。我通览全部书稿，认真梳理一遍我国社会诚信体系建设的发展历程，研读十八大以来党中央、国务院出台的一系列社会诚信体系建设的政策、文件，感触颇深，书稿的价值也逐渐凸显。财经管理学院在诚信文化教育基地建设方面做了一些开拓性工作，进行了一些有益的探索，是我校校园文化建设的重要组成部分，对落实学校“322”大思政格局起到了添砖加瓦的作用，也是落实高校立德树人根本任务的基础性工作，是推进社会诚信体系建设的奠基工程。有感于此，我欣然写下几点想法，是为序。

（一）

诚信是中华民族的传统美德，是中华传统文化的精华。在儒家思想中，诚信是“仁义礼智信”规范体系的重要范畴；在上下五千年的厚重历史进程中，诚信是维系中华文化延续传承的良好道德品质和具有约束性的价值规范。在中国特色社会主义新时代，诚信是应当继续传承和大力弘扬的优秀传统文化，是极为宝贵的历史资源。习近平总书记明确要求，在现代社会诚信体系建设中“要深入挖掘和阐发中华优秀传统文化讲仁爱、重民本、守诚信、崇正义、尚和合、求大同的时代价值”①。2017 年习近平总书记在党的十九大报告中明确指出“深入挖掘中华优秀传统文化蕴含的思想观念、人文精神、道德规范，结合时代要求继承创新，让中华文化展现出永久魅力和时代风采”。文化传承、科学研究、人才培养、社会服务、国际合作是高校担负的重要任务，核心是立德树人。以诚信文化校园建设为载体，以诚信文化教育为抓手，重塑课堂诚信、学术诚信、考试诚信、就业诚信、信贷诚信、创业诚信，打造诚信校园，对于培养具有创新意识、担当精神和创业能力的高素质、应用型、复合型

---

① 习近平. 习近平谈治国理政.［M］. 北京：外文出版社，2014.

人才具有推动作用，符合学校“三心四能五复合”人才培养目标的总体要求，是创新校园文化建设的重要组成部分。

（二）

在建立健全社会主义市场经济体制的历史进程中，“诚信”逐步成为政府、企业、社会、公民、城市普遍接受的基本价值遵循。党中央、国务院历来非常重视诚信文化建设，尤其是十八大以来，以习近平总书记为核心的党中央把构建社会诚信体系、建设信用强国提升到治国方略的战略高度，极大促进了我国社会信用体系的建设和发展，极大优化了社会营商环境。2001 年中共中央颁布《公民道德建设实施纲要》，“明礼诚信”被纳入我国社会的基本道德规范之一；2012 年党的十八大报告明确把“诚信”纳入“24 字”社会主义核心价值观，要求“加强政务诚信、商务诚信、社会诚信和司法公信建设”；2013 年十八届三中全会通过了《中共中央关于全面深化改革若干重大问题的决定》，明确把“推进国家治理体系和治理能力现代化”作为全面深化改革的总目标，国家治理体系建设包含了社会信用体系建设的内容；2014 年国务院印发《社会信用体系建设规划纲要（2014—2020 年）》；2016 年国务院发布《关于建立完善守信联合激励和失信联合惩戒制度加快推进社会诚信建设的指导意见》，同年中共中央全面深化改革领导小组审议通过《关于加强政务诚信建设的指导意见》《关于加强个人诚信体系建设的指导意见》《关于全面加强电子商务领域诚信建设的指导意见》，对社会诚信体系建设做出了更加有力的指导和引领；2016 年国家《国民经济和社会发展第十三个五年规划纲要》提出：加快推进政务诚信、商务诚信、社会诚信和司法公信等重点领域信用建设……不断提高全社会诚信水平；2017 年党的十九大报告把“推进诚信建设和志愿服务制度化，强化社会责任意识、规则意识、奉献意识”列为加强思想道德建设的重要内容，要求加快推进。2017—2018 年国家发改委和中国人民银行加大了创建国家级社会信用体系建设示范城市试点评审工作，由此包括政府信用、金融信用、行业信用、商业信用、个人信用等在内的我国社会信用体系逐步建立和发展起来。高校构建诚信文化校园，建设诚信文化基地，培养诚信的高素质人才，契合了党和国家推进社会信用体系建设的重大决策，是推进社会信用体系建设的治本之举和奠基工程。

（三）

诚信不仅是个人的基本道德品质，而且是个人人文素养中的核心要素。诚信不仅是国家形象的重要标识，而且是国家软实力的重要组成部分。中国通过构建社会信用体系，建设“信用强国”进而建设“信用全球”，这是中国方案、中国智慧的重要构成内容。当前，由于多方面因素的综合影响，高校校园诚信缺失是一个值得重视的问题，个别教师师德失范、学术不端，少数学生考试作弊、拖欠学费、拖欠贷款、求职简历作假、网络欺诈，我们必须在高校加强诚信道德教育，把学习研究诚信、人际交往诚信、经济生活诚信、就业创业诚信等方面的教育渗透到大学生教育的各个方面和全过程。我校 2016 年就与作为社会诚信体系建设的双牵头单位的人民银行达州市中心支行以及工行达州分行签订校银战略合作协议，双方共建诚信文化教育基地，2016 年学校被包括达州市发改委、共青团达州市委、达州市教育局、中国人民银行达州市中心支行等单位在内的达州市社会信用体系建设领导小组授予“达州市首批诚信文化教育基地”，2016 年学校被四川省社会信用体系建设领导小组授予“四川省首批诚信文化教育试点学校”。财经管理学院围绕诚信文化基地建设开展了系列诚信文化教育活动，取得了明显成效，即将付梓的《校银协同共建诚信文化教育基地研究》就是具体体现。书稿中既有教师的研究成果，也有参加诚信文化演讲大赛决赛的学生的演讲成果，还有战略合作单位的成果。老师们围绕诚信文化基地建设、课程建设、专业建设、学风建设等开展了广泛深入的研究。财经管理学院在诚信文化基地建设过程中开展的工作是开拓性的，是校园文化建设的创新性尝试。

我祝贺该书的顺利出版，我祝愿四川文理学院诚信文化教育取得更大的成绩。

（四川文理学院党委书记、二级教授、
博士生导师、四川省学术和技术带头人）
2019 年 1 月 15 日

序二　校银共建诚信文化教育基地，推进财经管理专业集群建设

四川文理学院是四川省布局在川东北地区唯一一所全日制普通本科高校，发展目标是把学校建成“特色鲜明优势突出的高水平应用型大学”。这既是坚持以习近平新时代中国特色社会主义思想为指引，贯彻落实党的十九大精神和全国、全省教育大会精神，全面适应“一干多支、五区协同”的“治蜀兴川”战略需求和四川经济社会发展需要的体现，也是适应川东北经济区文化教育行业、特色优势产业、现代服务业、战略性新兴产业发展需要和达州市“建成四川省东出北上综合交通枢纽”“建成川渝陕结合部区域经济中心”“争创全省经济副中心”战略需求的体现。为了建设特色鲜明优势突出的高水平应用型大学，学校确立了“学生主体、教师主导、社会合作、环境育人”的办学思路，做出了“学科专业集群建设”的重大规划，制定实施了《2016版本科人才培养方案》，学校获准成为四川省整体转型示范学校立项建设，学校着力整合社会资源，实施协同育人，建设了一批稳定的实践教学基地。在学校专业集群建设纵深推进的背景下，财经管理学院立足学校与中国人民银行达州市中心支行、中国工商银行达州分行三方签署的战略合作框架协议，依托三方协同建设诚信文化教育基地平台，在推进财经管理专业集群建设方面迈出了可喜的步伐，即将出版的《校银协同共建诚信文化教育基地研究》是他们初步探索的见证。

（一）

国家在院校转型发展层面首次提出“专业集群”概念是在2015年，教育部、国家发改委、财政部在《关于引导部分地方普通本科高校向应用型转变的指导意见》中提出：“建立行业企业合作发展平台”“校企合作的专业集群实现全覆盖”“建立紧密对接产业链、创新链的专业体系”“围绕产业链、创新链调整专业设置，形成特色专业集群”。我们推进专业集群建设的必要性在

于：一是推进专业集群建设是我校转型发展的突破口。我国经济结构、产业结构的转型发展呼唤人才培养模式发生深刻变革。英国经济学家克拉克认为：产业结构的转化过程在本质上是对劳动力、物质资源和人力资本等生产要素进行重新配置的动态过程，人力资本是经济增长的核心要素，是产业结构转化的重要基础。经济结构和产业结构的根本转型必然导致人才培养模式的根本变革，人才培养模式的重大转变必然催生专业结构创新和专业集群发展。专业结构的合理设置是学校办学的重要支撑点，专业建设只有充分对接创新集群需求和产业集群需求，充分对接地方经济社会发展需求和行业需求，学校才具有旺盛的生机与活力。二是推进专业集群建设是落实我校包括“社会合作”在内的“16 字办学思路”的切入点。我校作为地方高校，历史积淀、自身实力与研究型大学相比存在较大差距，又缺乏地处中心城市的地域优势，其教育资源特别是教育经费特别短缺，学校要在日趋激烈的高校竞争中立足，必须走差异化发展道路。学校只有整合资源，优化专业结构，建设专业集群，调整人才培养方案，通过校地合作、校企合作、协同育人弥补办学资源之不足，才能进一步凝聚学校特色和办学优势，从而有效提升学校服务地方社会经济发展的水平和能力。

（二）

财经管理学院是学校整合资源、优化结构后新设立的二级学院，有人力资源管理、财务管理、物流管理、审计学四个本科专业，学生超过 1 400 人，涉及国内学生和留学生两种类型。这些专业都是区域经济社会发展中紧缺的应用型专业，这些专业的人才培养直接关乎实现四川省委对达州建成“四川省东出北上综合交通枢纽”“川渝陕结合部区域经济强市”的“两大定位”和达州市确定“争创全省经济副中心”新目标对专业人才的需求。近年来达州市着力培育“6+3”产业集群，所谓“6”是指能源化工、新材料、农产品加工、智能装备制造、电子信息、生物医药六大产业集群；“3”是指文化旅游、现代物流、现代建筑业三大产业集群；其中达州市规划把能源化工、新材料、农产品加工、现代建筑业做成 4 个千亿级产业集群，把智能装备制造、电子信息、文化旅游、现代物流做成 4 个五百亿级产业集群，把生物医药做成 1 个百亿级产业集群。财经管理学院的专业发展也直接关乎达州市“6+3”产业集群培育对专业人才需求的实现。特别需要指出，2018 年达州市正式被国家批准为商贸物流型国家级物流枢纽承载城市，达州海关也正式获批，管辖达州市、巴中市的海关事务，达州市委、市政府把“物流枢纽城市建设取得突破性进展”列为 2019 年的重点工程之一。秦巴现代物流园的建设为我校物流管理专业建设提供了重大机遇。立足达州市产业集群发展的现实需要，依托物流管理专业，学校正积极配合达州市委、市政府创建“秦巴现代物流研究院”，并列入2019年学校工作。不仅如此，学校还依托财经管理学院的四个本科专业，整合外国语学院的商务英语专业、文传学院的文化产业管理专业、数学学院的应用统计学专业等共同打造财经管理专业集群，直接服务社会主义市场经济建设主战场，服务区域经济发展第一线。近年来学校投资400余万元建设了财务决策实验室、ERP实验室、财务虚拟仿真实验室、人力资源实验室、模拟银行、会计手工实验室、会计技能实验室、川东北电商物流实验室，购买了网中网、用友新道、踏瑞等公司提供的全套实验实训软件，从根本上改善了财经管理专业集群建设的校内实验实训条件。学校还积极支持财经管理学院与达州市财政局、达州市税务局、达州公路物流港、成都京东世纪贸易有限公司、中国人民银行达州市中心支行、中国工商银行达州分行、达州市人力资源公司、通川区一小莲湖学校等单位建立稳定的实践教学基地，其中达州市税务局已经成为首批校级示范性实践教学基地。校外实践教学基地体系的建立为财经管理专业集群快速发展提供了良好的外部支撑条件。

（三）

“春江水暖鸭先知”，学校建设高水平应用型大学需要各个二级学院勇于创新、抢先落子、积极探索。财经管理学院在推进专业集群建设、提高人才培养质量方面实现了良好开局。财经管理学院以校银协同共建诚信文化教育基地为抓手，构建“信、济、敏、能”（诚信、济世、敏能、尚学）四位一体人才培养模式，落实细化学校“三心四能五复合”人才培养目标，以举办诚信演讲大赛、诚信签名活动、诚信手抄报比赛、诚信迎新晚会、诚信新生主题教育、诚信志愿者活动等诚信文化教育系列活动为切入点，通过诚信文化教育基地建设把校银合作领域逐步延伸到开设《现代征信学》校级选修课程、开设《现代征信学》专业必修课程、组建校企联合教学团队、设置校银合作专项基金、组建联合科研团队、共建校园模拟银行、建设实践教学基地、策划共建信用管理本科专业等方面，还有效推动了达州金融系统吸纳我校优秀大学毕业生，实现了共建共享。诚信文化教育基地建设直接推动了校银全方位合作，对于财经管理专业集群建设起到了积极的推动作用。《校银协同共建诚信文化教育基地研究》就是诚信文化基地建设取得的初步成果。纵览该书，发现有两大特点：一是该书是集体智慧的结晶，既有教职工的研究成果，也有学生的演讲成果，体现了财经管理学院在内涵建设、转型发展、实践教学、人才培养等方面取得的可喜进展；二是该书是诚信文化教育基地建设的研究成果，该书题材丰富、视角新颖、方法多样，既有人才培养模式的研究，也有课堂教学的研究；既有基础性研究，也有历史性研究；既有专业建设研究，也有思想政治工作和党建研究；既有专业课教学研究，也有人文素养课教学研究。这些研究都有价值，体现了诚信文化教育基地建设正在向纵深拓展。

我希望诚信文化教育基地建设取得更多更好的成果。信笔写下这几点感想，是为序。

（四川文理学院校长、二级教授、
硕士生导师、四川省有突出贡献的优秀专家、
四川省学术和技术带头人）
2019 年 1 月 15 日

基地建设研究篇

“信、济、敏、能”四位一体人才培养模式实践研究

——基于四川文理学院财经管理专业集群建设视角①

财经管理学院　傅忠贤②　程子彪

摘要： 人才培养模式是人才培养体系的核心，是实现人才培养目标和人才培养规格、提高人才培养质量的前提和基础。财经管理类专业既有经济学和管理学的学科属性，也有经济建设主战场需要的一定的专业技术色彩。确立“信、济、敏、能”四位一体的人才培养模式，是落实落地学校“三心四能五复合”人才培养目标的体现，既能体现财经管理专业的核心价值理念，也能彰显财经管理专业独特的文化个性。“信”即诚信，是从“德”的角度对财经管理专业人才提出的要求；“济”即“济世”，是从“情”的角度对财经管理专业人才提出的要求；“敏”即“敏学”，是从“智”的角度对财经管理专业人才的期盼；“能”即“尚能”，是从“行”的角度对财经管理专业人才发出的动员令。我们通过多措并举培育“诚信”品质、内外双修涵养“济世”情怀、标本兼治提升“敏学”才能、多元整合践行“尚能”指向，构建“信、济、敏、能”四位一体的人才培养模式并在实践中取得了初步成效。

关键词： 信济敏能；人才培养模式；财经管理专业集群；应用型高校

《国家中长期教育改革和发展规划纲要（2010—2020年）》提出：继续深化教育体制改革，关键是更新教育观念，核心是改革人才培养体系，目标是提高人才培养质量和水平。2018年6月，全国150所高校汇聚成都，联合发出坚持“以本为本”、推进“四个回归”（本科教育回归常识、回归本分、回归初心、回归梦想）、培养一流人才、建设一流本科的“成都宣言”，对高校吹响

---

① 基金项目：四川文理学院2017年教改项目“转型发展协同育人背景下高校财经类人才培养综合改革实践研究”的阶段性成果，项目编号2017JY40。

② 作者简介：傅忠贤，教授，四川文理学院财经管理学院院长，研究方向为区域经济学。

了以人才培养为核心使命、“造就一大批堪当大任、敢于创新、勇于实践的高素质专业人才”的时代号角。人才培养模式是人才培养体系的核心，是实现人才培养目标和人才培养规格、提高人才培养质量的前提和基础。地方应用型高校财经管理专业集群如何创新人才培养模式是一个亟待深入研究的重大现实问题。立足四川文理学院的教育教学改革实践，财经管理学院初步建构了“信、济、敏、能”四位一体的人才培养模式，并在实践中取得了积极成效。

一、地方应用型高校财经管理专业集群确立“信、济、敏、能”四位一体人才培养模式的基本依据

财经管理类专业集群既有经济学和管理学的学科属性，也有经济建设主战场需要的一定的专业技术色彩。“信、济、敏、能”即“诚信、济世、敏学、尚能”。确立“信、济、敏、能”四位一体的人才培养模式，既能体现财经管理专业的核心价值理念，也能彰显财经管理专业独特的文化个性。

首先，构建“信、济、敏、能”四位一体人才培养模式是教育国际化进程加速和深入实施“一带一路”倡议对财经类专业人才的深切呼唤。经济全球化催生教育国际化，教育国际化又进一步推动经济全球化。教育是全球共同的事业，教育国际化对人才素质提出了新要求，“厚基础、宽口径、复合型”成为关注的焦点。国际组织招募人才时更看重人才的“国际视野、社会交往能力、专业知识结构、管理经验、进取心和创新能力”。欧洲国家倡导的全人培养目标以“健康的人、独立的人、创造的人、道德的人”为主要内容①。“一带一路”倡议秉持共商、共建、共享理念，聚焦设施联通、民心相通、资金融通、贸易畅通，作为携手沿线国家共同应对当前世界经济新挑战、“构建人类命运共同体”的“中国方案”，使财政、金融、税收、投资、保险、国际贸易、市场营销、会计、电子商务、现代物流、人力资源管理、审计学等专业人才成为炙手可热的紧缺人才，而具有国际视野、独立精神、创新意识和可持续发展能力的人才更能够引领未来发展。财经类专业人才主要在经济建设主战场建功立业，直接经手或掌管人、财、物、信息等经济要素，是否具有“信、济、敏、能”的基本素养不仅直接关乎其成长成才，也直接关乎“一带一路”等国家战略的落实落地。

其次，构建“信、济、敏、能”四位一体人才培养模式是适应区域经济发展需要的必然选择。四川文理学院是四川省布局在川东北地区唯一一所省属

---

① 唐少清．全人教育模式的中外比较．[J]．社会科学家．2014（12）：110-118.

普通本科院校，学校所在地达州市既是第二次国内革命战争时期全国第二大苏区——川陕革命根据地的核心区域，也是国家集中连片扶贫攻坚区域——秦巴山区的重要组成部分，更是长江上游重要的生态屏障。随着五大发展新理念的贯彻落实①，2016年国家出台《川陕革命老区振兴发展规划》，连同“五位一体”总体布局②、“四个全面”战略布局③、创新驱动发展战略、中国制造2025、“大众创业、万众创新”、区域发展三大战略④、“互联网+”、精准扶贫等国家重大战略的实施，这一切为川陕革命老区带来加快发展的宝贵历史机遇。川陕革命老区正在加快经济结构和产业结构的转型升级，传统产业转型升级和战略性新兴产业培育都在加速朝着低碳、绿色、循环、可持续轨道行进。地方院校只有立足地方、融入地方、服务地方才能培育出加快发展的新增长点。财经管理类专业与地方经济发展需求高度契合，必须培养出符合区域经济发展需要的具有核心竞争力的专业人才，才能顺利完成其担负的“人才培养、科学研究、文化传承、服务社会”四大历史使命。基于当前经济建设中存在的社会信用缺失、社会责任淡化、社会心态浮躁、创新创业能力不足等问题，财经管理学院作为财经类专业人才的培养输送基地，加快构建“信、济、敏、能”四位一体的人才培养模式具有特殊的紧迫感。

最后，构建“信、济、敏、能”四位一体的人才培养模式是财经类专业对接学校发展模式的切入点和突破口。财经管理学院具有特殊的院情，财经类专业具有独特的专业属性，既不能脱离学校整体发展轨道，也不能照抄照套学校提出的现成发展模式，必须从实际出发，走出一条既符合学校“建设高水平应用型大学”总体目标和“学生主体、教师主导、环境育人、社会合作”办学思路以及“三心四能五复合”人才培养目标⑤要求，又能体现自身专业优势和特色的发展道路，“诚信、济世、敏学、尚能”就是财经管理学院在实践中探索出的切入点和突破口。“诚信”与“社会担当与健全人格、职业操守与专业能力”的总体要求一致，“济世”能体现出“人文情怀与科学精神、历史眼光与全球视野、创新精神与批判思维”兼备的宗旨精神，“高度的责任心、

① 五大发展新理念：创新、协调、绿色、开放、共享的发展理念。

② 五位一体：经济建设、政治建设、文化建设、社会建设、生态文明建设。

③ 四个全面：全面建成小康社会、全面深化改革、全面依法治国、全面从严治党。

④ 区域发展三大战略：“一带一路”、京津冀协同发展和长江经济带。

⑤ “三心四能五复合”的人才培养目标：着力把学生培养成具有高度的责任心、持续的进取心、强烈的好奇心，具有较强的表达能力、实践能力、创新能力与创业能力，具有优良的社会担当与健全人格、职业操守与专业能力、人文情怀与科学精神、历史眼光与全球视野、创新精神与批判思维等复合品质的高素质、应用型、复合型人才。

持续的进取心、强烈的好奇心”是实现“敏学”的前提和基础，“学生主体、教师主导、环境育人、社会合作”是达到“敏学”要求的渠道和途径，“较强的表达能力、实践能力、创新能力与创业能力”本身就是“尚能”的最重要、最核心的内容和组成部分。

二、“信、济、敏、能”四位一体人才培养模式的总体框架

（一）“信、济、敏、能”人才培养目标的基本内涵

“信、济、敏、能”四个要素能够从总体上体现财经管理专业人才区别于其他类型专业人才的特殊素质要求，是财经管理人才培养目标的“文化基因”。

“信”即诚信，是从“德”的角度对财经管理专业人才提出的要求，即诚实、信用、真实、可靠、不欺骗、不怀疑，实事求是、说话算数、说到做到。“诚信”不仅是中华民族优秀道德传统的重要内容，是财经职业道德的核心要素，是财经管理专业人才终生践行的行为准则和职业操守，更是财经管理专业人才安身立命的可靠保证。自古以来，中国人都把“背信弃义”作为人伦所不齿的最大罪恶，而把“诚实守信”当作毕生遵循的生命逻辑。“诚信”作为一种文化还是个人、团体、企业、政府、社会应共同遵守的价值观、信念和行为方式，它体现了“知”和“行”“主体性”和“社会规定性”的统一，不仅是整合人们利益关系的实现机制①，更是维护市场经济正常秩序的重要手段和可靠保障，是人生旅程中极为稀缺的战略性资源。

“济”即“济世”，是从“情”的角度对财经管理专业人才提出的要求。“济”在《说文解字》中释义为从水，本义是度过、通过，又有救济、周济、接济之意。我们赋予“济世”以济世经邦、经世济民、赈济苍生、周济天下、同舟共济的特殊意义，这不仅需要财经管理专业人才有博大宽广的胸襟，又要有强烈的社会责任感，把“济世”列为财经管理专业人才培养目标的核心要素能够体现财经管理专业人才以国富民强、民族振兴为己任的远大政治理想和以感恩奉献、心系祖国人民为本分的浓厚家国情怀。

“敏”即“敏学”，本义指勤奋好学，是从“智”的角度对财经管理专业人才的期盼。当下，我们赋予“敏”以迅速、敏捷、灵活、聪慧、机智、善变等特殊含义。“敏学”是财经管理专业人才的主要职责，因而他们既要确立终身学习的学习理念，又要养成勤勉勤奋的学习习惯；既要掌握科学的学习方

---

① 陈丽媛. 构建财经职业学校诚信文化体系. [D]. 沈阳：沈阳师范大学. 2005：13-14.

法，又要练就坚忍不拔、持之以恒的学习意志；既要培养浓厚的学习兴趣，又要塑造执着的学习信念；既要有渊博的学识，又要有敏捷的思维。实践反复证明，在市场经济优胜劣汰机制下和国际竞争的激烈荡涤中，唯有视角敏锐、反应快捷、思维灵活的人才方能抢占先机、立于不败之地。因此，“敏学”既是对财经管理专业人才的特殊要求，也最能体现财经管理专业人才与其他类别专业人才的亮点和特色。

“能”即“尚能”，是从“行”的角度对财经管理专业人才发出的动员令，通常有才干、本事、胜任、擅长之意。财经管理专业人才效力于经济建设主战场，面对国际经济竞争这场“没有硝烟的战争”，必须练就一身过硬的本领，具有发现问题、分析问题、解决问题的能力，才能确立优势、稳操胜券。他们不仅要达到“胜任”的资格水平，还要掌握娴熟的操作技巧。“较强的表达能力、实践能力、创新能力与创业能力”应该成为财经管理专业人才的基本能力结构。只要坚定地朝着“诚信、济世、敏学、尚能”人生目标共同努力，财经管理学院一定会成为财经管理专业人才放飞梦想之地，一定会助推他们实现“学财经，闯天下”的夙愿。

（二）“信、济、敏、能”四位一体人才培养模式的总体框架

建构“信、济、敏、能”四位一体人才培养模式是一个系统工程，涵盖创新教育理念、确立人才培养目标、调适专业定位、建构课程体系、完善过程管理、强化条件支撑、健全质量监控、着力评估反馈等主要环节和主要方面。

第一，创新教育理念。我们要把培养学生创新精神和创新能力放在重要位置，实现从单纯重视知识传授向知识传授和综合能力培养并重方向转变。“信、济、敏、能”四位一体人才培养模式体现了“供给主导式”向“需求引导式”的转变①。

第二，合理确定人才培养目标。需要导向原则是确定人才培养目标的根本准则，国际教育发展趋势、高等教育自身发展规律、经济社会发展现实需要、推进国家发展战略对专业人才的期待是确立人才培养目标的基本依据。“信、济、敏、能”四位一体人才培养模式使财经管理专业人才培养目标变得更加明确和具体——财经管理学院发展的总目标是努力建成具有一定影响力的财经管理类、综合性、高素质、应用型专业人才培养基地；培养“信、济、敏、能”兼备的高素质应用型人才就是财经管理专业的人才培养目标。

---

① 杨虹，地方财经类院校人才培养的现实困境与创新策略［J］. 湖南商学院学报，2009（16）：86-89.

第三，科学确定专业定位。我们要立足市场需求调整优化专业设置，按照重点优势专业、加快发展专业、引导扶持专业三种专业类型来建构现有专业结构体系，促进各专业竞争发展的良好态势的形成，逐步培育“特色鲜明、优势突出”的财经管理专业集群。“信、济、敏、能”四位一体人才培养模式为财经管理各专业发展提供了方向指引：

财务管理专业要培养适应现代市场经济需要，掌握财务管理方面的基本理论与基本方法，熟悉国际财务管理惯例，具有资本运作和财务分析的专业技能，具有较高的文化素养、科学素养和较强的创新意识，能在企事业单位、跨国公司、金融机构、教学科研单位及政府部门等单位从事财务管理、教学、科研工作的应用型、复合型人才。

人力资源管理专业要培养适应现代市场经济需要，具备人文精神、科学素养和诚信品质，具备经济、管理、法律以及人力资源管理等方面的基本理论、基础知识和基本能力，基础扎实、知识面宽，有较强学习能力、交流能力、实践能力和创新创业精神，具备较高的职业能力水平和毕业3~5年晋升管理层的条件，能够在一些单位从事人力资源管理以及教学、科研方面工作的应用型、复合型人才。

物流管理专业要立足于我国迅速发展的现代物流产业，培养适应社会主义市场经济发展需要的符合“三心四能五复合”要求的应用型、复合型人才，毕业生具有扎实的现代化、国际化的企业管理和物流管理的理论、知识和方法，具有较强的企业物流和物流企业的金融、财务、营销、信息管理等综合素质。学生毕业后能在国家各级管理部门、金融企业、交通运输企业、物流企业、工商企业等单位从事供应链金融、物流产业规划、物流管理、物流经营策划等相关经营管理工作。

审计学专业要培养适应现代市场经济需要，具备人文精神、科学素养和诚信品质，具备经济、管理、法律及审计等方面的知识和能力，实践能力强，富有创新精神，通晓审计、会计准则及相关的经济法规，掌握现代审计理论、方法和手段，能在经济管理领域从事会计、审计和管理咨询工作的应用型、复合型专业人才。

财务管理（留学生）专业要培养具备中国财务管理基本理论，掌握中国财务管理基本技能，熟悉中国文化、中国国情以及中国财经政策和中国财经信息，熟悉国际企业会计准则、公司治理、资本运作和战略管理，能在企事业单位、跨国公司、金融机构、教学科研单位及政府部门等单位从事财务管理的应用型人才。

第四，建构合理的课程体系。我们要坚持综合能力导向原则，正确处理公共通识课程、学科基础课程、专业核心课程、复合培养课程之间的比例关系，确保理论课教学课程和实践性教学课程相互协调。“信、济、敏、能”就是课程体系设置的基本遵循。

第五，完善过程管理。我们要健全《教学常规管理办法》，发挥教学常规检查领导小组的统筹协调作用，以专业教研室为依托加强课堂教学常规检查管理，严格执行学校出台的《教学事故认定及处理办法》，把从入学教育到大学毕业的全过程都植入到严格、规范的过程管理之中，确保“信、济、敏、能”目标在每一个环节落实落地。

第六，强化条件支撑。充足的教学经费、高素质的师资队伍和完善的设施设备是落实“信、济、敏、能”四位一体人才培养模式的重要支撑条件。师资队伍建设要提高“双高型”（高学历、高职称）教师占比，要提高“双师双能型”（理论型和实践型，教学型和技术型）教师占比。我们要健全校内实训实验条件，充实校外实践教学基地，构建包括专业认知见习、校内课程实训、创新创业技能大赛、校外实践教学基地的实践教学体系，为学生搭建起健全合理的综合能力结构体系。这是构建“信、济、敏、能”四位一体人才培养模式支撑条件的重点内容之一。

第七，健全质量监控。确保“信、济、敏、能”四位一体人才培养模式落实落地，我们必须健全质量保障体系。充分发挥学校教学督导专家和二级学院教学质量保障领导小组以及教学督导领导小组的作用，加强学生教学信息员队伍建设，是教学质量保障体系建设的重点。

第八，有效利用评估反馈。“信、济、敏、能”四位一体人才培养模式需要在实践中接受检验，需要在评估反馈中补充、修改和完善。我们既要接受学校实施的各项内部评估，也要接受教学系统组织的外部评估，包括本科教学合格评估、本科教学审核式评估、专业认证评估，还要接受社会中介组织开展的独立第三方评估。我们要在“以评促建、以评促改、以评促管、评建结合、重在建设”的评估方针指引下不断完善“信、济、敏、能”四位一体人才培养模式。

根据以上理解和认识，我们可以把“信、济、敏、能”四位一体人才培养模式的基本框架绘制成以下简明图示（见图 1-1）：

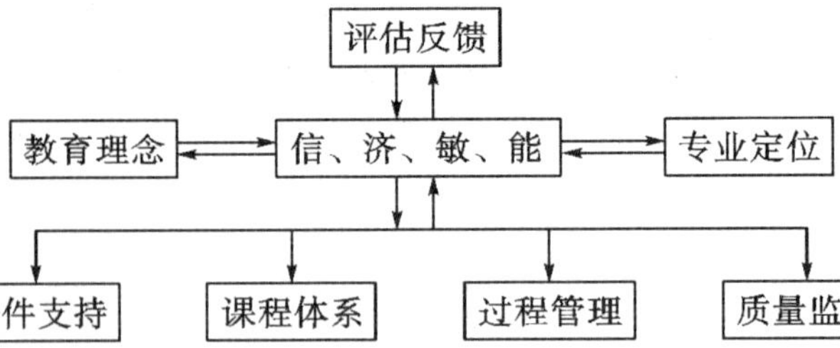

图 1-1 “信、济、敏、能”四位一体人才培养模式

（三）落实“信、济、敏、能”四位一体人才培养模式的总体规划

“信、济、敏、能”四位一体人才培养模式需要以总体规划为实施蓝图，需要有制度架构确保落实到位。财经管理学院确立的“12345”总体规划就是实施“信、济、敏、能”人才培养模式的任务书和路线图。“12345”总体规划的基本内容是：

围绕一个目标。培养“信、济、敏、能”四位一体的高素质应用型人才，着力塑造“诚信、济世、敏学、尚能”的特色财经文化。

突出两个重点。一是构建三个课堂联动机制，落实以课堂教学为第一课堂，以校园社团活动、学科竞赛及文化活动为第二课堂，以走向社会顶岗实习等社会实践活动为第三课堂的整体联动；二是构建三类实践互促机制，落实课程实验、专业实训、综合实践三类实践活动互相促进。

培育三大特色。留学生教育塑窗口、诚信文化基地建设跃层次、职业技能大赛创品牌。

打造“四支团队”。着力培育和塑造双师型教学团队、创新型研究团队、服务型管理团队、协作型实践指导团队。

强化五大保障。抓好党的建设，激发发展活力；加强制度建设，健全体制机制；落实岗位职责，增强执行能力；培育财经文化，强化思想引领；整合社会资源，拓展事业平台。

经过 5~10 年拼搏，我们力争把财经管理学院建设成有一定影响力的综合性、高素质、应用型财经管理专业人才培养基地。

三、构建“信、济、敏、能”四位一体人才培养模式的实践探索

财经管理学院着力构建“信、济、敏、能”四位一体的人才培养模式，在实践探索中取得了初步成效，基本找准了内涵建设的突破口和切入点。

（一）多措并举培育“诚信”品质，着力打造诚信文化教育基地

财经管理学院培养学生的“诚信”品质，就是对学生“铸魂”。诚信必须

根植于学生心灵深处，贯穿于教育的全过程，才能收到实效。近年来，财经管理学院着力开展了六项工作：一是提升诚信文化教育基地建设水平，打造诚信文化教育平台。2016 年财经管理学院成功创建“达州市首批诚信文化教育基地”（达州市社会信用体系建设领导小组批准），并推动学校成为“四川省首批诚信文化教育试点学校”（四川省社会信用体系建设领导小组批准），目前正在为创建“全国诚信文化教育基地”而奋斗。二是推动校银合作，共同举办“诚信文化演讲大赛”。财经管理学院与中国人民银行达州市中心支行、中国工商银行达州分行签署战略合作协议，实行“主办银行制”，已成功举办三届“诚信文化演讲大赛”，参赛选手涉及学校 14 个二级学院以及达州市部分高、中等学校，“诚信文化演讲大赛”已经成为财经管理学院诚信文化教育的一张名片。三是强化教书育人，课堂教学中植入诚信文化教育内容。专业课教师结合教学内容适时介绍诚信基础知识和社会信用体系建设专业知识，开展诚信文化思想教育。财经管理学院在各专业设立“现代征信学”必修课，面向全校开设“现代征信学”选修课，组建跨学校的诚信文化教育教学团队。四是强化管理育人、服务育人，举办诚信文化教育系列主题活动。财经管理学院在新生入学教育增加诚信文化教育专题，举办诚信文化教育签名活动，辅导员组织诚信教育主题班会，举办诚信文化手抄报比赛，征集诚信教育优秀故事，评选诚信教育先进个人，开展诚信文化教育志愿者活动，迎新晚会固定植入诚信文化主题，在考试考核、人际交往、实习就业、论文撰写、助学贷款、评优评先等学生管理全过程和各方面加强诚信教育。五是开展诚信文化科学研究，丰富诚信文化教育内容。财经管理学院组建诚信文化研究团队，开展诚信文化横向课题研究，教师合作编写“现代征信学”教材，举办诚信教育专题讲座和学术交流。六是强化协同育人，共同推动信用管理专业建设。财经管理学院依托与金融系统的战略合作，深化双方在模拟银行建设、人才培养方案修订、学生实习就业等方面的合作内涵，协同搞好信用管理专业（本科）建设的咨询论证，为该专业建设创造条件。

（二）内外双修涵养“济世”情怀，强化担当精神和社会责任感

财经管理专业人才必须具备报效祖国、济天下苍生的家国情怀和在经济建设主战场建功立业的担当精神和社会责任感。涵养“济世”情怀就是培育学生身上的“正能量”，涵养“浩然正气”。财经管理学院主要采取了以下措施：一是强力推进师德师风建设和学风建设。学院提倡以师风带学风，以学风促师风，开展师德师风建设月和学风建设月专项活动，培育学习氛围，培育团队协作精神，增强集体凝聚力和集体荣誉感。二是改进和加强思想政治工作。财经

管理学院充分发挥党组织的核心领导和战斗堡垒作用，加强形势政策教育和思想政治理论课教学，宣传党的路线方针政策，举办形势政策专题讲座，对学生行为表现实施定性评价和量化考核相结合的动态评估，通过评选评优和组织发展确保榜样开道、典型引路。三是常态化开展“修身成才报国”演讲大赛。财经管理学院注重营造报国奉献的舆论氛围，搭建学生自我教育管理的展示平台。四是举办读书报告会，组织开展寒暑假社会实践活动。财经管理学院构建学校教育、家庭教育、社会教育有机衔接的教育机制，鼓励学生在社会的大熔炉中锻炼成长。五是常态化举办励志教育主题班会。财经管理学院鼓励学生积极报考硕士研究生，引导学生完成学历提升的重大转变。六是加强奉献社会的志愿者队伍建设。财经管理学院采用多种途径增强学生运用所学专业知识回馈社会的实践体验，培育学生的“感恩”心态和“奉献”意识，提升学生在奉献中的社会认可度和成就尊严感。

（三）标本兼治提升“敏学”才能，着力强化师资队伍建设

让学生“学富五车”“才高八斗”是我们矢志不渝的奋斗目标。为实现“敏学”目标，财经管理学院采取的主要措施有：一是着力加强师资队伍建设。师高弟子强。师资队伍建设中，学院聘请中国社会科学院的专家出任名誉院长，对教学、科研、管理、服务以及学院发展的顶层设计进行全方位引领；建设“博士工作室”，发挥龙头带头作用；加大“双师型”教师和高层次人才的引进力度，提升师资队伍的整体水平和质量；落实青年教师“导师制”，加快青年教师成长步伐；举办系列教学竞赛活动，为教师成长搭建宽广舞台；鼓励教师完成学历提升任务，创造条件提高高学历教师占比；打造专业带头人队伍，培养业务标兵。二是利用社会资源设立专业奖学金，健全激励机制。学院依托达州市公路物流港在物流管理专业设立专业奖学金；依托成都链家有限公司组建“链家奖学金班”；依托中国工商银行达州分行设立诚信文化教育专项基金，资助“诚信文化演讲大赛”；开设职业资格培训班，为学生取得财经管理相关职业资格证书搭建平台。三是着力教改教研，推动教学质量工程建设。学院建成“政治经济学”“企业战略管理”“基础会计”“财务管理”“审计学”5门校级精品资源开发课程；3项校级教育教学研究与改革项目获准立项，2门企业课程和2门优质在线（开放）课程以及1项校级自编教材获得学校批准立项建设；建有财务会计、经济学2个教学团队；完成了5门课程的试题库建设。四是推动科研提质升级。财经管理学院具体组织实施申报的四川省社会科学高水平研究团队“四川革命老区生态文明建设研究创新团队”获准（2018—2020年）立项建设，这是学校第一个省级社会科学高水平研究创新团

队，2 名教师成为该创新团队核心成员。“新时代四川革命老区乡村振兴绩效评估研究创新团队”获得学校批准立项建设；“财会类 VBSE 课程师资研修项目的研究与实践”经教育部高教司新道公司评审获准立项，1 名教师成为课题组成员；2016 年以来学院教师主持完成市厅级以上科研项目 48 项，发表学术论文 40 余篇，6 项成果获得市厅级以上政府科研奖励。

（四）多元整合践行“尚能”指向，构建完善的实践教学体系

培养综合能力突出的财经管理专业人才是最重要的人才培养目标取向。近年来，财经管理学院采取的措施有：一是修订完善综合能力导向的本科人才培养方案，完善人才培养模式顶层设计，使能力塑造有章可循、有制度可依。二是着力改善和加强校内实验实训条件。学院初步建成财务决策实验室、ERP 实验室、财务虚拟仿真实验室、人力资源实验室、模拟银行、会计手工实验室、会计技能实验室、川东北电商物流实验室，建设资金 400 余万元，购买了网中网、用友新道、踏瑞等公司提供的全套实验实训软件，基本能满足各专业校内实验实训需要。三是建设稳定充足的校外实践教学基地。学院与达州市财政局、达州市税务局、达州公路物流港、成都京东世纪贸易有限公司、中国人民银行达州市中心支行、中国工商银行达州分行、达州市人力资源公司、通川区一小莲湖学校等单位建立了稳定的实践教学基地。其中，达州市税务局成为首批校级示范性实践教学基地。四是支持大学生科研项目，鼓励学生在专业技能大赛中提升实践能力。2016—2018 年大学生科研项目立项 35 项，2018 年省级大学生创新创业训练计划项目获准立项 7 项。在专业技能大赛中，学生代表队获得 2017 年“网中网杯”大学生财务决策大赛线上大区赛全国西区三等奖、2017“学创杯”全国大学生创业综合模拟大赛四川省选拔赛二等奖、2017 年四川文理学院“学创杯”全国大学生创业综合模拟大赛二等和三等奖、2017 年四川文理学院第二届大学生“群英杯”辩论赛总决赛冠军。2018 年学生获得省级二等奖 1 项、三等奖 2 项，1 项进入国家级决赛。

参考文献

[1] 刘兰娟，刘志阳. 财经院校“服务+”创新创业人才培养模式——基于上海财经大学的实践 [J]. 世界教育信息，2018 (8)：32-37.

[2] 张利杰. 财经类高校创新人才培养模式的教育实践——以河南财经政法大学为例 [J]. 宿州教育学院学报，2018 (1)：58-59.

[3] 翟晓瑜. 新形势下地方财经类高校人才培养模式研究 [J]. 安阳工学院学报，2018 (1)：121-122.

［4］王峰，郭德红．财经类高校特色文化建设的实现路径［J］．北京教育（高教），2015（6）：24-26.

［5］冯俊波．和谐社会视阈下的财经类高校大学文化建设研究［J］．中央财经大学学报，2014（1）：95-98.

打造高校诚信文化教育基地，助力社会信用体系建设的达州实践与探索①

侯丰荣等②

摘要："学校+银行+社会"的诚信文化育人模式为共建信用达州、推动社会信用体系建设发挥了积极作用。银校双方以"优势互补、平等互助、诚实守信、成果共享、长期稳定、注重实效"为原则开展深度合作，在确立"诚信、济世、敏学、尚能"育人目标、开展"两个课堂"特色教学、推进"五个一"标准"精品活动"等方面成效初显。我们必须进一步加大合作力度，构建长效机制，强化经费支持，健全组织保障，才能推动诚信文化教育基地不断迈上新台阶。

关键词：诚信文化教育基地；社会信用体系建设；银校合作模式

大学生作为社会的一员，其信用教育是社会信用教育体系建设的重要组成部分。为大力培育和践行社会主义核心价值观，达州将高校信用学科建设、信用人才培养作为《达州市社会信用体系建设规划（2016—2020年）》主要内容，依托四川文理学院打造高校诚信文化教育基地，深入开展银校合作，实施青年信用工程。经过近年实践探索，达州形成"学校+银行+社会"的诚信文化育人模式，培育大批"守信重诺"、具备信用管理知识的复合型人才，校园诚信氛围浓厚。达州征信教育进入国民高等教育体系，为共建信用达州、推动社会信用体系建设发挥了积极作用。本文通过总结达州诚信文化教育基地建设银校合作模式、分析存在的问题和困难，提出依托高校诚信文化教育基地促进社会信用体系建设的对策建议。

一、银校合作机制的主要内容

银校合作诚信文化教育机制指在达州市社会信用体系建设领导小组框架

---

① 基金项目：人行达州市中心支行2019达州市社会信用体系建设探讨。

② 作者简介：侯丰荣，中国人民银行达州市中心支行党委书记、行长，研究方向为金融学理论与实践。课题组成员还有何永川、张黛薇（执笔）、熊心伟。

下，人行达州市中心支行、达州市发改委、市教育局、共青团达州市委签订《达州市诚信文化教育推进备忘录》；人行达州市中心支行、工行达州分行与四川文理学院共签《诚信文化教育基地共建协议书》，依托诚信文化教育实践基地这一前沿主阵地，发挥各自服务、管理、渠道优势，建立长效合作机制，达到社会诚信建设以学校为阵地、学生为主体、向社会辐射的良性功效。在实践中，四川文理学院把“诚信”纳入财经文化核心内涵，突出思想教育与专业技能并重原则，组建特色教学团队、开展系列特色征信主题实践活动、推进信用专业学科建设。人民银行达州市中心支行、金融机构专业人才参与“现代征信学”课程教学活动，实现金融资源与教育资源有机结合。在此基础上，银校合作向社会延伸，共同组建“你诚我信”志愿者服务队，举办“信用管理师”任职资格培训，支持学生到金融系统就业实习，初步形成银校合作办学协同育人的工作模式。

二、银校协同共建诚信文化教育基地成效显著

银校双方以“优势互补、平等互助、诚实守信、成果共享、长期稳定、注重实效”为原则开展深度合作，通过三年实践，逐渐形成“学校+银行+社会”三位一体教育模式，形成独具特色的“达州诚信文化教育品牌”。2016年，四川文理学院被中国人民银行成都分行、四川省发改委、四川省教育厅、共青团四川省委授予首批“四川省诚信文化教育试点学校”，银校合作的社会影响力逐步扩大。

（一）“信济敏能”突出诚信文化特色

银校双方共同确立“诚信、济世、敏学、尚能”育人目标，以诚信道德教育和信用知识教育为重点，旗帜鲜明地把“诚信”纳入特色财经文化核心内涵，并作为银校合作人才培养的首要构成要素，在学校统筹规划、分类推进、有序开展，实施青年信用工程。“诚信”倡导“立身处世，当以诚信为本”思维方式，弘扬“诚实守诺”行为规范，“诚信育人、育诚信之人”成为示范基地教育特色，为大学生信用形象提供一个社会化的展示平台，也为青年一代更好创业、就业打下了良好信用基础。

（二）“协同推进”彰显银校合作内涵

在人行牵头、银行组织、学校配合模式下，银校双方组建起诚信文化教育公益基金，制定《达州诚信文化教育建设三年规划》及《年度工作方案》，总体谋划和具体部署银校合作工作任务，在人员配置、资金保障、实施步骤、工作目标等方面统筹安排，构建起新型银校合作关系。在教学实践中，银校双方

将金融业特色社会资源转换为育人资源，在课程建设、教学计划、课程研讨等方面加强双向交流，形成“协同育人”的新局面。银校双方推动学校把“现代征信学”课程纳入财经管理学院人力资源管理、财务管理、物流管理、审计学专业必修课程，并率先在四川省高校开设全校“现代征信学”公共选修课，形成以财经管理学院为主体，覆盖全校的“现代征信学”基础教育机制。

（三）“精品活动”激发诚信教育活力

以培养学生良好的诚信思维方式和生活习惯为切入点，银校双方通过“两个课堂”特色教学、“五个一”标准“精品活动”让学生感知诚信、体悟诚信、践行诚信。“两个课堂”指既要抓好信用课堂教学，重在“言传”，又要抓好课外诚信实践，重在“身教”。“五个一”精品课程包括在新生入学诚信教育第一堂课，银校双方从借贷、考试、交友三方面培育学生诚信意识；银校双方组织开展诚信宣誓签名活动，宣誓名志，让“诚信”根植于学生心灵深处；银校双方每年举行“抱诚守真，以信为本”诚信演讲大赛，让学生真情抒发对诚信的见解和感悟；每年举办“诚信财经”迎新晚会，让诚信文化成为大学生的精神大餐；银校双方按年开展“说诚信之事、行诚信之举”的故事征集活动，见证大学生诚信之路的成长轨迹。各项特色活动受到广大学生喜爱和好评，形成四川文理学院诚信文化建设品牌。2018 年，银校双方组织举办达州市首届“诚信杯”电子商务创新创业大赛暨川东北经济区创新创业论坛，广元、广安、巴中等地高校派出 12 支创业团队参赛，高校诚信文化建设的影响力逐步扩大到周边地区。

（四）“社会实践”提升银校合作实效

银校双方发挥“学校+银行+社会”特色模式优势，将诚信文化教育延伸到课堂外、社会实践中；将信用知识教育作为职业培训的重要内容，培养“你诚我信”志愿者队伍，按年对志愿者进行专题培训，提高青年志愿者传播诚信文化的知识储备和能力，引导学生参与诚信文化进机关、进企业、进社区、进街道、进乡村等社会活动；协同开展对区域经济、金融重点课题调研，探索校银合作诚信学术研究路径；将金融机构作为稳定的教学实践基地，支持、鼓励优秀学生到金融系统就业实习。近三年来，金融机构提供 5 批 150 余名学生实习岗位，得到学校、学生、社会的认可。

（五）“示范基地”推动银校合作共赢

2016 年以来，银校双方共建校园诚信文化教育基地，实现优势互补、合作发展，有力推进了达州社会信用体系建设。人民银行及金融机构发挥专业资源优势，实现金融资源与教育资源有机优化组合，履行人民银行社会信用体系建设牵头职责，进行提升国民信用水平、弘扬信用文化的有益探索，为经济发展营造良好信用氛围。四川文理学院为提升人才培养质量和谋划自我发展能力，完成新开设“信用管理”本科专业规划，启动校本教材研发，征信人才培养向规范化和制度化迈进。四川文理学院积极发挥高校文化中心辐射作用，让诚信文化走出校门、走向社会。四川文理学院每年培养初步掌握信用管理专业知识的应用型人才400余名，累计向社会推送符合信用专业要求的专业人才1 500余名，学校征信教育和实践水平得到提升，诚信文化教育实效得到体现。

三、当前银校合作基地建设面临的主要问题

银校合作共建诚信文化教育基地推动社会信用体系建设尚无成功经验可借鉴。目前，开展的工作在制度建设、人才资源、评价体系、经费支持、组织保障等方面存在诸多问题和障碍，还需进一步完善。

一是诚信管理规章制度不健全。诚信教育依托制度化管理实现，在当前银校合作模式中，诚信教育缺少根据国家法律、信用信息标准等建立相应诚信管理规章制度的安排，缺乏一整套诚信管理机制来约束学生失信行为，利用强制性的制度抵制不诚信现象作用不明显。在实践中，我们对学生的诚信教育除专业课本外以信用知识的宣传和普及、参与相关诚信主题活动等为主，对考试作弊、“枪手替考”、抄袭作业、弄虚作假等学生“诚信缺失”现象缺乏行之有效的约束机制。加大不诚信者的违约成本使其放弃不诚信行为，有利于营造“以诚信为荣，以失信可耻”的文化氛围。

二是信用教育人才资源匮乏。大学诚信教育通过信用管理专业课程传授信用知识和专业技能，但“信用专业”是一门新兴学科，专业教师资源匮乏成为银校合作诚信文化建设的瓶颈。目前，学校本身缺乏教学经验相对成熟的信用管理专业老师，对教材“现代征信学”也是一边学习一边授课，教学的实效性有待加强。而人民银行及金融机构参与教学，也多是以案例解析、政策解读、活动互动等形式开展，与真正的信用专业教学存在较大差异，与社会对信用专业人才的需求存在差距，削弱了利用征信专业知识引导社会诚信秩序的效果。

三是银校合作经费保障机制不完善。校园诚信文化建设缺乏相应经费支撑是当前银校合作中一个普遍而又突出的问题。一方面，学校开展征文活动、举办演讲比赛、邀请专家授课、组织外出实践等需要一定经费投入，但学校没有相应财务预算和费用列支渠道；另一方面，尽管每年有合作银行给予诚信文化教育基金支持，但参与的金融机构少，教育基金额度低，无异于杯水车薪，无

法从根本上解决问题。经费保障机制缺失阻碍了银校合作向纵深发展，其持续性、长效性也受到制约。

四是校银合作评估机制缺乏。银校合作已历时三年，但至今未建立对诚信文化教学成果、学生“现代征信学”课程学习绩效、银校合作社会影响等情况的评价机制，削弱了银校合作的现实功效。特别是对将“现代征信学”作为必修课的本科专业学生而言，未开展效果评估并持续跟踪评价意味着我们无法判断学生是否将征信知识运用到学习和生活实际中，无法为学生今后就业提供参考和帮助。这样就体现不了征信专业知识和诚信教育的实际作用，降低了对社会信用建设的积极影响。

五是基地建设社会参与配合不力。以诚信文化为核心的校园文化建设是一项社会化的系统工程，需要社会各方共同关注、共同参与。但纵观几年银校合作诚信文化建设实践，以银行、学校参与为主，其他社会信用体系成员单位参与度低，未给予足够重视，特别是在人才、资金、技术等方面未形成支持合力，未形成共同构建校园诚信文化引领社会信用建设的社会氛围，制约其作为社会信用体系建设的主要载体作用的有效发挥。

四、进一步深化校银合作提升诚信文化教育基地建设水平的对策建议

（一）重视银校合作助推社会信用体系建设

诚信教育与诚信文化建设是引领社会成员诚信自律、提升社会成员道德素养的重要途径，是社会主义核心价值体系建设的重要内容。社会信用体系建设成员单位要高度重视高校诚信文化建设，积极履行职责，落实《社会信用体系建设规划纲要（2014—2020年）》精神，特别是省发改委、教育厅、共青团等要在人力、技术、资产、组织等方面统筹社会各方力量，参与到银校合作诚信文化建设中来，以诚信文化基地建设为依托，在全社会开展信用建设示范，发挥银校合作引导社会诚信风尚的积极作用。

（二）完善银校诚信文化建设合作机制

银校合作应借鉴国内外诚信教育经验，梳理当前银校合作机制，扬长避短，从教学体系、评价系统、制度建设、行为规范等方面加以完善，建立适应现代大学生诚信教育要求的长效机制。

一是完善诚信教育管理制度规范。结合实际，我们应制定“大学生诚信准则”“大学生诚信评价”“大学生诚信档案管理制度”“侵权责任追究”等制度，通过制定有效的、贯穿整个大学生活的诚信管理制度规范来塑造大学生诚信品质和人格，将诚信的道德要求上升为强制性制度约束，引导大学生树立

诚信价值观和信守规则的法治理念，让“立身处世，当以诚信为本”观念潜移默化到大学生的思想和行为中，将诚信理念凝聚成高校文化精神品质，夯实高校诚信文化教育根基，推动银校合作诚信文化建设规范有序发展。

二是创新开展诚信文化教育精品活动。我们应继续通过“两个课堂”“五个一”教学活动，完善教育载体和形式，提升高校征信教育实效；充分发挥学校各级党团组织的诚信示范作用，调动学生的主体性和自主性，使诚信教育系列活动真正做到贴近实际、贴近生活、贴近学生，并渗透到校园文化建设的各个环节；创新拓宽诚信校园文化建设空间，让诚信教育实践活动渗透到家庭、延伸到社会，实现课内课外、校内校外、学校家庭的结合，打造以诚信为本的校园诚信文化教育品牌。

三是落地“信用管理”专业建设。“信用管理”学科将信用风险管理核心与社会应用现实需求相结合，是当前也是未来社会信用管理的重要发展方向。我们要高度重视“信用管理”专业学科建设，科学规划并加快申报“信用管理”本科专业，整合各方面教学优势，培养复合型人才，在组建“现代征信学”教学团队、编辑信用专业教材、加快培养征信管理专业人才等方面超前谋划，使专业征信人才培养走向规范化、制度化，发挥银校合作为社会培养高素质信用专业人才的基础作用。

四是建立诚信考评监督激励机制。我们应建立诚信考评体系，建立诚信档案，健全评价机制，用诚信教育机制来塑造大学生的诚信品质和人格，约束不诚信的行为，开展对学生的诚信教育、诚信监督。我们应探索建立大学生“诚信档案”“诚信证书”试点，建立学生诚信档案，运行诚信评价机制。我们应对学生在校日常学习、生活、参加社会活动、诚信奖惩等情况进行记录，将诚信与个人荣誉挂钩，细化奖惩措施，强化责任、激励和约束，让学生切身感受诚信的重要性，自觉珍惜和维护个人诚信形象，使“诚信档案”成为大学生个人的第二张“身份证”和走向社会的通行证。

（三）建立诚信文化建设经费保障机制

《达州市社会信用体系建设规划（2016—2020年）》明确提出，开展信用人才培养工程，支持四川文理学院开设相关课程或设置信用管理专业，加快培养和储备信用人才，各级政府要根据社会信用体系建设需要，将应由政府负担的经费纳入财政预算予以保障。在银校合作诚信文化基地建设发展进程中，我们应在社会信用体系建设领导小组框架下，推动建立多元化资金支持长效机制，财政等部门、主办银行、参与学校等共同组建诚信文化教育公益基金，加大专项经费支持力度，并引入竞争机制，适度引进社会资金和技术，引导社会资本投入社会信用体系建设，为诚信文化教育基地建设提供充足经费支持。

（四）强化银校合作诚信建设组织保障

银校合作诚信文化建设是顺应社会信用体系建设的现实需要，是推动创建信用建设示范城市的重要途径，需要社会各方共同关注、共同参与，并提供组织保障。为持续推进银校合作成果，我们应在社会信用体系建设领导小组框架下，将银校合作诚信文化建设作为社会信用体系建设重要抓手，完善相关支持政策和措施，建立校园诚信文化建设联席会议制度，切实解决实际问题和困难。同时，我们应把银校合作诚信文化建设纳入社会信用体系建设年度综合考评内容，加强监督和考核。在前期实践基础上，我们应总结诚信文化基地建设工作，形成可复制、可推广模式，吸引更多的学校、银行及相关部门参与，拓展银校合作的覆盖面，扩大诚信校园文化的社会影响，增强诚信教育的思想共识和社会效应。

推进诚信文化基地建设，夯实经济发展信用之基

——以工行达州分行推进诚信文化教育基地建设实践为例[①]

赵建民[②]

摘要：诚信文化与经济发展相辅相成，诚信文化基地是诚信文化滋生和传播的载体。经济发展离不开牢固的信用基础，良好的社会信用环境为经济发展增添助力。达州市身处秦巴山区的腹地，作为传统资源型城市，随着地方经济的发展，各个领域、各项事业不断调整和优化，其中诚信文化建设的稳步推进在助力达州经济社会发展中扮演着极其重要的角色。自2016年，四川文理学院与人民银行达州市中心支行、中国工商银行达州分行携手，将四川文理学院建成达州市规模最大的诚信文化教育基地，为达州市社会信用体系建设吹进了一阵“信”风，营造起健康和谐的诚信文化氛围，积极推动了达州市的经济社会发展。本文从揭示诚信文化内涵入手，分析了诚信文化建设现状、诚信文化建设与经济社会发展的关系，概述共建四川文理学院诚信文化基地的背景和初衷，阐述了工行达州分行在建设诚信文化基地，在助推地方经济社会发展中发挥的作用，最后就银校如何进一步共建诚信文化教育基地提出了建议。

关键词：工商银行；诚信文化基地；地方经济社会发展；

国内学者研究发现，随着国民素质的整体提升，我国诚信文化氛围持续向好，但仍有一些公民缺失诚信，对经济发展造成负面影响。特别是在社会转型期，受“国内经济回升的基础不稳固，结构性矛盾突出，经济下行的压力加大”等的影响，失信人群的规模有反弹迹象。在这一时期，人们的行为方式、生活方式、价值体系以及消费观念都在发生明显变化，失信人群中师生这类群

---

① 基金项目：2019中国工商银行达州分行助推地方经济社会发展研究。

② 作者简介：赵建明，中国工商银行达州分行党委书记、行长，研究方向为金融理论与实践。

体也占据了一定的比例。近年来，国家有关职能部门态度鲜明、重拳出击，持续推进信用体系建设，又重新唤醒了人们对“诚信”一词的深刻理解，诚信环境有所改观。

基于四川文理学院、中国人民银行达州市中心支行和中国工商银行达州分行联袂打造的诚信文化教育基地，在达州市，尤其在当地高校的诚信文化建设中发挥了举足轻重的作用，同时也对校园建设和经济社会发展发挥了积极作用。

一、诚信文化的内涵

诚信，以真诚之心，行信义之事。“诚”是真诚、诚实；“信”是守承诺、讲信用。诚信是诚实无欺，信守诺言，言行相符，表里如一。党的十八大以来，国家领导人从历史维度、价值维度、实践维度对诚信问题进行过深刻论述，诚信文化是中华传统文化的重要内容，能促进党的建设、社会建设以及国家形象建设，为经济增长和社会发展提供了精神动力、价值导向和道德规范。它是一种具有引导、激励和凝聚作用的社会力量，是人们参与社会活动最基本的行为准则之一，是社会正常运行的重要基石。

刘绮婷在《信用政府与大学诚信文化建设初探》中指出，诚信，作为现代道德体系基石，是积极发展和社会进步的基本条件和本质要求。然而，在社会主义市场经济体制建立过程中，领域广泛的信用危机，尤其是作为人才培养的大学的诚信缺失现象令人担忧。林兴岚在《诚信文化与高校诚信文化建设的路径》中提到，高校诚信文化建设的基本内容有：社会主义核心价值体系教育、文明礼貌教育、遵纪守法教育、乐于助人教育、责任意识教育、诚信立人教育；高校诚信文化建设的原则有：主体性原则、实践性原则、循序渐进原则；高校诚信文化建设的途径和方法有：开展科学的诚信观教育、营造浓厚的校园诚信文化、注重发挥教师诚信道德的榜样作用等。

二、诚信文化建设现状

诚信文化作为立国的重要组成要素之一，自党的十八大以来，党和国家有关部门高度重视社会主义诚信文化体系建设。2014 年国家出台过如《社会信用体系建设规划纲要（2014—2020 年）》《关于建立完善守信联合激励和失信惩戒制度加快推进社会诚信建设的指导意见》等相关诚信文化建设的文件。国家领导人也在多次讲话中提到诚信文化建设的重要性，并对诚信社会及其诚信体系的建设提出了相应的指导意见，将诚信文化建设纳入国家战略层面以及国家治理和管理中去。近年来，诚信文化建设在很多部门和领域都取得了不错的成绩，对于推动国家经济社会的发展有很大的作用。

现阶段，我国社会信用缺失现象依然存在，如制假售假、合同欺诈、信用卡套现、贷款逾期不还等现象经常发生，给国家、社会组织财产安全及社会经济的正常运转带来了风险。另外，诚信的缺失会干扰社会主义市场经济秩序的正常运转。为了有效防范诚信缺失带来的危害，国家相关部门也颁布相应的失信联合惩戒制度，并利用社会舆论进行监督，对失信行为进行监督、惩罚以及约束。现实生活中，虽然很多社会群体没有出现失信行为，但多是由于社会监督、道德法律约束的作用，社会组织或个人处在不敢失信的氛围中。2018 年 8 月，达州市曝光了最新一批“老赖”名单，失信人员多达 500 余名。

诚信作为一种重要的价值规范，已成为经济社会发展的基石，没有诚信就不可能形成良好的社会经济秩序。为确保经济社会持续、健康、稳健发展，我们必须承认诚信文化建设对全面深化改革的巨大作用。诚信文化建设可以有效抑制市场经济的负面效应，良好的社会信用环境是建立社会主义市场经济的基本前提，是有效防范金融风险的重要条件，是经济和金融正常运行的根基。现代市场经济的发展一旦抛弃诚信，就会引发不良竞争，市场秩序必然紊乱不堪，经济社会发展也必将陷入泥潭。总之，经济社会发展需要以诚信文化建设为基础，经济社会发展越快，诚信文化建设的水准也就越高，二者是正相关的关系。

三、四川文理学院诚信文化教育基地情况介绍

（一）四川文理学院简介

四川文理学院是由四川省人民政府主办的全日制普通本科院校，是目前达州市以及川东北地区唯一一所全日制本科院校。现有教职员工 1 000 余人，设立 17 个二级学院，在校学生近 14 000 人，2018 年新招学生 3 400 余人。该校分老校区和新校区，占地面积 1 000 余亩（1 亩约等于 666.67 平方米）。新校区位于西外莲花湖方向，距老校区 10 千米。当前，学校正抓住区域经济大发展和达州市建设“四川东出北上综合交通枢纽”“川渝陕结合部区域经济中心”“争创全省经济副中心”的机遇，按照“立足川东，服务全川，辐射周边省市”的发展路径，高举改革旗帜，不断探索本科办学的新路子，紧密结合地方经济社会发展对高等教育的依托和社会对人才的需求，努力为地方经济建设、科技进步和社会事业发展培养更多的高素质应用型人才，为地方经济社会提供强有力的智力支持，把学校建成特色鲜明、优势突出的应用型大学。

（二）四川文理学院诚信文化教育基地成立的背景

为积极落实国务院《社会信用体系规划纲要（2014—2020 年）》和中国

人民银行、发改委、教育部、共青团中央联合发出的《关于进一步做好诚信文化教育工作的通知》以及达州市制定的《达州市社会信用体系建设规划（2016—2020 年）》精神，我们要大力培育和践行社会主义核心价值观，推动达州市创建国家社会信用示范城市，努力形成城市守信的社会文化氛围，共建“信用达州”。

（三）四川文理学院诚信文化教育基地成立的初衷

学校以“优势互补、平等互助、诚实守信、成果共享、长期稳定、注重实效”为原则，促进达州市社会信用体系建设。学校旨在通过共建城市文化教育基地，充分发挥合作方自身管理、服务、渠道优势，大力加强诚信文化和信用知识教育，努力营造良性互动的教育氛围，形成参与各方共同推进的合力，促进达州市地方的经济社会发展。

学校与银行共建诚信文化教育基地，帮助学生更好地树立诚信的价值观，为今后的工作以及人际交往奠定良好的基础。另外，学校作为社会连接点，大学生今后将要走向各行各业，服务于社会。拥有良好道德品质的大学生，能够向社会传递正能量，将诚信文化带入工作单位，更好地服务于社会。同时，学生也可以通过自己的诚信行为感染身边的人。因此，大学可以通过诚信文化的建设以及诚信文化水平的提升向全社会辐射，助推诚信社会建设。2016 年 11 月 11 日，四川文理学院、人行达州市中心支行和工商银行达州分行共同开展了诚信文化教育基地诚信签名活动（如图 1 所示）。

图 1　诚信文化教育基地诚信签名活动

（四）四川文理学院诚信文化教育基地工作机制

1. 交流沟通机制

合作各方①在达州市社会信用体系领导小组指导下，由人行主持召开会议，研究解决基地建设中遇到的新问题，建立合作长效机制，推动合作持续深入开展，共同推进诚信文化教育基地建设。

2. 信息交流机制

合作各方通过自办互联网站、“达州诚信文化简报”等方式交流诚信文化教育最新工作动态，完善诚信文化建设政策，收集、反馈意见和建议，推进达州市诚信文化建设。

3. 资金支持机制

中国工商银行达州分行作为首届主办银行、率先发起设立“诚信文化教育公益基金”，支持四川文理学院诚信文化教育基地建设，为多渠道筹措诚信文化教育专项经费积累经验、探索路径。

四、诚信文化教育基地在助推当地经济社会发展中发挥的作用

（一）推进信用体系建设

诚信文化所包含的范围较广，在诚信文化建设的过程中能够有效地去覆盖更多的社会群体组织、群体及其个人。社会通过诚信文化的建设，能够有效地搭建整个社会的信用体系。

四川文理学院诚信文化教育基地的出现，填补了达州市社会诚信文化体系在高校中的空白，延伸了达州市信用体系边缘，丰富了诚信文化体系覆盖面。从小范围看，工行达州分行、人行达州市中心支行全体干部员工和四川文理学院的广大师生全部是达州市社会诚信文化体系中的一员；从更大范围看，四川文理学院的学生是最具活力、最具创造力的青年一代的缩影，他们来至五湖四海，又将奔赴天南地北，他们的诚信文化种子将广撒神州大地，对全社会的信用体系建设都有着一定的影响。

（二）扩大消费市场

诚信文化的建设能够有效推动信用社会以及信用经济的发展。良好资信状况的消费者及其企业组织容易获得市场上商家的信用消费资格。同时，作为信用状况良好的个人也较为容易获得银行等金融机构的信贷支持。例如，银行通常情况下会给信用状况较好的客户更高的授信额度，更有力地刺激客户消费。

---

① 合作各方指四川文理学院、中国人民银行达州市中心支行、中国工商银行达州分行。

单从这一点上看，就在很大程度上扩大了消费市场，促进了经济的发展。

自 2016 年四川文理学院诚信文化教育基地成立以来，工行达州分行为四川文理学院广大师生发放信用卡 2 820 张，累计授信 8 460 万元。其中，信用卡消费分期 240 万元。这在很大程度上刺激了广大师生的消费欲望，对活跃达州本土的消费市场和促进当地经济发展起到了积极的作用。

（三）防范金融风险

诚信文化的建设能够为尊崇诚实信用原则的个人及其社会组织在参与市场经济的过程中提供更多的便利。这样能够有效地鼓励和激励更多的个人及其组织遵循诚实信用原则，在一定程度上避免信用诈骗、道德风险、逆向选择、投机行为等发生，很大程度上降低金融机构风险。因此，诚信文化建设能够为金融机构构筑一道天然的屏障，来防范和化解相应的金融风险，为金融机构的稳健运营提供良好的基础。据不完全统计，2015 年以来，四川文理学院全校师生申请办理的工行信用卡逾期虽接近 100 期，但列为呆账的情况为零。这从某种程度上说明了达州市诚信文化正在悄然改善着消费者的诚信观念。在面对诚信建设带来的金融稳定时，我们也不能忽视四川文理学院诚信文化教育基地在其中发挥的作用。图 2 为工行达州分行在四川文理学院开展信用记录关爱日专题宣传活动。

图 2　信用记录关爱日专题宣传活动

（四）助力智慧校园及智慧城市建设

近年来，“智慧城市”建设一直是达州市城市建设的主题词之一，智慧城市建设是一项综合性极强的系统工程，涉及全市各个部门、各个行业、各个企业、各个市民，其中就包含了与之息息相关的智慧校园建设，要想打造智慧城市，建设智慧校园是必不可少的一环。

四川文理学院作为达州市以及川东北地区唯一一所省属普通本科高校，智慧校园建设刻不容缓。工行达州分行一直以来与其保持着全面的合作关系，始终致力于学校的建设发展，始终致力于服务该校师生金融需求，见证了该校从专科到本科，从在校学生几千人到逾万人的发展历程，几十年的风雨同舟，双方建立起了深厚的友谊和感情。20 世纪 90 年代开始，工行达州分行派员工上门手工代收学费，如今实现了网上自助缴纳学费；2002 年，工行达州分行作为首家金融机构向该校新校区建设投入项目贷款 8 000 万元，及时、高效满足了该校当时紧急的资金需求；后来工行达州分行又支持为该校搭建学生实习基地。近 5 年来，工行达州分行为该校 200 余名优秀学生提供了社会实践机会，2017 年又专门为学校建立了毕业大学生定向招聘机制，并已正式启动，目前已招聘了 3 名应届大学生；工行达州分行每年与该校一起开展诚信文化系列活动，主动培育学生诚信意识，引导学生讲诚信、树诚信，得到了党政领导、监管部门和该校师生的一致好评。工行达州分行还持续上门为学校师生办理借记卡，指导他们下载和使用工行“三融”产品①，引导他们体验工银 e 生活和云闪付，为他们的衣食住行带去便捷和实惠。此外，工行达州分行借助工银 e 缴费平台，帮助学生线上缴费、学校线上收费，极大地提高了学费的收缴效率。

作为四川文理学院的合作单位和诚信文化教育基地的主要理事成员，工行达州分行倾力支持学校智慧校园建设。工行达州分行出资 600 万～1 200 万元为学校搭建“校园一卡通”及“财务系统升级”整体框架和基础平台，对全校的数据信息管理工作实行统一领导、全面规划，使原有业务和管理体系相对独立、互不协调的现象得到有效整合，减少资源浪费和重复建设，更好地为教学管理、校园生活和学校决策服务，为该校打造“智慧校园”靓丽名片起到推动作用。

（五）营造健康和谐的诚信文化氛围

首先，四川文理学院诚信文化教育基地自成立以来，逐年组织校内学生开展丰富多彩的诚信道德教育及实践活动，其中开展文理诚信论坛 6 场、诚信教育专题讲座 7 场、诚信文化教育实践活动 4 次，收集诚信征文 110 篇。图 3 为工行达州分行行长赵建明为荣获第二届工行杯“抱诚守真·以信为本”演讲比赛一等奖获奖者颁奖现场。

---

① “三融”产品指融 e 购、融 e 行、融 e 联。

图 3　演讲比赛颁奖现场

其次，四川文理学院组织开展诚信文化宣传及培训活动。四川文理学院与工行等多部门共同举办诚信文化巴蜀行启动仪式，传递“你诚我信”火炬，代表达州市首批“一人一校一队”试点学校就“校园诚信”宣读倡议书和领读诚信誓词，通过现场诚信宣誓及签名活动，推动达州社会信用体系建设步伐，助推脱贫攻坚取得实效。银行和学校联合举办各类征信文化培训及宣传活动达 15 场。图 4 为四川文理学院与工行达州分行参与诚信文化巴蜀行启动仪式活动现场。

图 4　诚信文化巴蜀行启动仪式

再次，四川文理学院将诚信植入学生年度综合测评、评先评优、组织发展、获取奖学金、就业推荐等环节，对守信的予以奖励，对失信的予以惩戒，针对考试舞弊、学术造假、恶意拖欠学费、不履行助学贷款承诺、伪造就业材料等不诚信行为开展教育，建立健全高校师生诚信档案，形成良好的诚信氛围。截至目前，我们未发现四川文理学院师生有失信行为。

最后，为支持诚信文化教育基地建设，工行达州分行每年为四川文理学院提供“工银诚信文化教育公益基金”，支持诚信文化教育基地开展信用知识培训、诚信晚会、诚信演讲比赛等活动，以带动提升师生诚信水平。图5为工行达州分行在四川文理学院晚会中表演节目《传承》现场。

图五　《传承》节目

五、关于进一步深化银校共建诚信文化教育基地的建议

（一）面向全院师生进行诚信题材授课

银行结合自己优势，在学校内部开展诚信题材的教育活动，采取多种形式，通过现场与非现场方式，向师生宣讲诚信文件和案例，内容包括诚信文化的传承与创新、国家相关部门出台的诚信文化体系建设的文件以及诚信案例学习。银行聘请诚信标兵，制作诚信案例，向全校师生传导诚信文化。银行通过分享真实征信案例和征信业务知识学习，促进诚信文化基地的建设。

（二）持续开展诚信社会建设学术研讨会

银行与高校积极合作，开展诚信建设的学术研讨会。银行业务的拓展需要以诚信为基石，社会的诚信水平严重影响银行业务的发展，尤其是对银行经营的风险性影响较为显著。如何构建诚信社会以及建立相应的诚信约束，对于银行来说尤为重要。而高校能够有效地去承担相应的诚信文化的宣传及教育工作。另外，高校拥有较多的教学科研人员，能够在从事教育活动的同时开展诚信社会建设的科研工作，因此，银行可以和高校之间积极开展诚信学术研讨会，共同助推诚信机制的建设以及诚信社会建设。

（三）开展诚信助贷助学项目

为了更好地让诚信守信行为在学生群体中得到认可，银行可以借助自身的优势对践行诚信的学生开展助学贷款活动。另外，为了更好地践行诚实守信，鼓励学生高标准地去践行诚实守信，银行和学校需要对学生诚信行为进行考评。考评的具体内容包括：学生征信记录，是否有逾期未偿还的信用卡及其相关的债务。另外，诚实守信涉及学生学习生活的方方面面，因此我们需要将学生诚信考试记录作为评价项目之一。最后，作为诚信的考评，很多方面没办法定量化，因此我们可以通过班级互评、同学互评、教师评价、学生自评等方式，对学生的诚实守信行为进行一个综合性的评价。银行根据各项指标评价的结果来开展相应的诚信助贷项目，为具备诚实信用品质的学生提供信贷资金，帮助他们更好地完成学业。另外，银行还可以根据诚信水平评价的结果，为具备较好诚实信用水平的学生个人以及团体发放相应的助学金，以此来鼓励和激励更多的学生在学习和工作中践行诚实信用原则，更好地助推全社会诚信体系的建设。

（四）加强信用体系建设和宣传

诚信文化建设可以通过“互联网+”打造多视角多群体，推动学校、金融行业、传统媒体等与微信、微博、手机终端等互联网媒体深度融合，探索诚信文化传播新内容、方法和手段；诚信文化建设可以充分利用微信朋友圈、H5等大众互联网使用习惯，进一步增加诚信文化建设的输出群体与受众群体，拓宽诚信文化建设的思路和内容；诚信文化建设可以用网络视频和流量网站的舆论引导带领，给缺乏社会实践的大学生弘扬网络诚信教育正能量。加强校园诚信基地的建设仅仅是诚信文化建设的一部分，因此，银行和高校之间还需要进一步加强合作，将诚信文化带出学校，将诚信文化宣传教育带入社会的其他地区。例如，高校和银行可以通过演讲、文化节对市民进行诚信宣传，以观看诚信主题类演出、影视作品以及诚信先进个人学习等形式将诚信文化传播到社区以及中小学等。诚信文化建设以高校诚信文化教育基地为桥梁，通过多样化的形式将诚信文化带给更广大的社会群体，帮助更多的个人、家庭及社会群体，帮助他们树立正确的诚信价值观念，为社会经济的发展创造良好的诚信环境，更好地去助推社会经济的发展。

六、结语

银行和高校作为两个特殊的主体，对于推进诚信文化基地建设具备天然的优势，因此，银行和高校可以通过诚信题材的学习、诚信文化学术研讨会、诚信助学助贷项目、诚信体系建设宣传活动以及诚信人才培养等活动共建诚信文化基地。银行和高校通过诚信文化建设引导高校师生以及银行相关工作人员树立正确的价值观，提升相关人员的道德水平。最后，诚信文化建设不仅局限于学校、银行，还需要以学校和银行作为桥梁向全社会推广诚信文化体系建设，以此来提升整个社会的诚信文化水平，更好地助推社会经济发展。

参考文献

[1] 范根平. 社会主义诚信文化及其建设的基本要求［J］. 滨州学院学报，2017（1）：66-69.

[2] 安瑞萍. 高校诚信及征信文化教育实践有效路径初探［J］. 征信，2017（2）：54-56.

[3] 本刊讯. 人民银行召开2018年征信工作会议［J］. 金融电子化，2018（5）：92.

财经管理学院“信、济、敏、能”人才培养的实践教学探索①

孟秋菊②

摘要：“信、济、敏、能”是财经管理学院为具体落实学校提出的“三心四能五复合”人才培养目标而制定的财经管理人才培养目标。“信、济、敏、能”人才培养目标的实现，离不开有效的实践教学。为此，财经管理学院进行了一系列的实践教学探索：一是以诚信文化基地建设为依托，积极探索“信、济、敏、能”人才培养的校银合作。二是以完善实践教学体系为保障，积极构建“信、济、敏、能”人才培养的实践教学体系。三是以实践教学规范化管理为抓手，积极落实“信、济、敏、能”人才培养的实施落地。四是以实践教学常态化进行为重点，积极践行“信、济、敏、能”人才培养目标的日趋达成。五是以实践教学有效化实现为检验，积极总结“信、济、敏、能”人才培养的成效与不足。

关键词：财经管理学院；“信、济、敏、能”；人才培养；实践教学

财经管理学院以“信、济、敏、能”为人才培养目标，确立“12345”总体框架。“信、济、敏、能”人才培养目标的实现离不开有效的实践教学的开展。近年来，财经管理学院已建立起校内实践教学（课程实训和专业综合实训）和校外实践教学（社会实践、专业见习、顶岗实习、毕业实习）相互衔接、相互补充的实践教学体系，已实现实践教学规范化、常态化和有效化的实施与管理，已践行实践教学大众化和培优化的有机统一。为了使财经管理学院实践教学更深入、更有效地推进，我们还需要不断总结经验，开拓创新，把财经管理学院的实践教学向纵深推进。本文重点分析财经管理学院“信、济、敏、能”人才培养的实践教学探索。

---

① 基金项目：本文为四川文理学院2017年教改项目“新建本科院校应用型人才培养的实践教学路径探析——以财经管理学院为例（2017J216）”的阶段性成果。

② 作者简介：孟秋菊（1970—），女，四川邻水人，四川文理学院财经管理学院教授，硕士，研究方向为农村经济。

一、以诚信文化基地建设为依托，积极探索“信、济、敏、能”人才培养的校银合作

财经管理学院是达州市社会诚信体系建设领导小组授牌的市级首批诚信文化教育基地，目前正在创建省级诚信文化教育基地。财经管理学院重点开展了以下工作：第一，促成校银合作，推动合作办学、协同育人迈出实质性步伐。2016年我们促成学校与中国人民银行达州市中心支行和中国工商银行达州分行成功签署三方合作协议，积极探索合作办学、共育财经类专业人才的发展路子。第二，扎实推进诚信文化教育系列活动，逐步培育教育品牌。我们在新生入学教育中植入诚信文化教育专题，每年举办大型诚信签名活动，迎新晚会以“诚信财经”主题，每年举办全校性“诚信文化”演讲大赛，着力培养诚信文化教育志愿者队伍，推动诚信校园建设迈上新台阶。第三，组建校银合作性质的联合教学团队和科研团队，在现有四个本科专业都开设“现代征信学”专业基础课程，面向全校开设“现代征信学”校级选修课，组建了7个联合科研团队，围绕金融精准扶贫、产业基金支持实体经济发展、金融业务开展和金融产品创新等进行课程研究。第四，合作建设信用管理本科专业。学校与银行已经商定构建校银合作长效机制，积极推进信用管理本科专业的规划和科学研究，共同推进该专业的建设。

二、以完善实践教学体系为保障，积极构建“信、济、敏、能”人才培养的实践教学体系

财经管理学院现有的人力资源管理、财务管理、物流管理、审计学四个本科专业以及会计、市场营销两个专科专业都是贴近市场经济发展脉搏的应用型专业，为了落实“信、济、敏、能”人才培养目标，财经管理学院积极构建完善的实践教学体系。第一，构建了校内校外实践教学体系。学院建立了课程实验（实训）和专业综合实训有机衔接的校内实践教学体系，建立了大一专业认知、大二大三专业见习、大四顶岗实习和毕业实习不断深入的校外实践教学体系。第二，建立了以专业协会为依托，以教研室为抓手，以财经管理学院为保障的专业技能大赛体系。目前财经管理学院已建立起校内实践教学（课程实训和专业综合实训）和校外实践教学（专业认知、专业见习、顶岗实习、毕业实习）相互衔接、相互补充的实践教学体系，已践行实践教学大众化和培优化的有机统一。

三、以实践教学规范化管理为抓手，积极落实“信、济、敏、能”人才培养

实践教学是财经管理学院培养“信、济、敏、能”应用型人才的重要途径，为了提高实践教学质量，财经管理学院从制度上进行了规范，以保障实践教学的规范化实施。首先，成立了实践教学领导小组。为了使实践教学有领导、有组织地进行，财经管理学院成立了由院长任组长，副院长任副组长，党总支书记、副书记、教研室主任及指导教师等为组员的实践教学领导小组。实践教学具体由分管实践教学的副院长负责全面实施，各教研室主任负责本教研室各专业实践教学的具体组织实施工作。其次，将实践教学纳入人才培养方案。人才培养方案是按专业对学生培养做出的整体设计和规划的教学指导文件，是人才培养的蓝图和总体设计，是组织一切教学活动和教学管理的主要依据。在财经管理学院各专业的人才培养方案中，学院科学划分了各门课程的教学学时学分、各专业综合实训的学时学分，专业认知、专业见习与毕业实习的学时学分，以规范实施实践教学的各个环节。最后，制定了《财经管理学院实践教学实施细则》。该细则对实践教学的目的与要求、实践教学的组织领导与管理、实践教学的内容体系、实践教学计划的制订、实践教学的形式、实践教学指导教师的职责、实践教学对学生的要求、实践教学的成绩考核、实践教学的总结等方面做了指导性、规范性、具体性的规定，使实践教学的各个环节都可以规范地、可操控地进行。

四、以实践教学常态化进行为重点，“信、济、敏、能”人才培养目标日趋达成

为了达成“信、济、敏、能”人才培养目标，财经管理学院重点抓了实践教学常态化推进工作。第一，积极改善了实验、实训条件。财经管理学院申请中央财政专项经费建设了川东北特色农产品电商物流开放实验平台、ERP沙盘实验室、财务决策综合实训室、模拟银行和各专业虚拟仿真实验室。第二，建设了稳定、可持续发展的校外实践教学基地。财经管理学院先后与达州瑞丰人力资源有限公司、中国人民银行达州市中心支行、中国工商银行达州分行、达州市地方税务局、达州市公路物流港等单位合作，建立了稳定的实践教学基地。第三，组织开展了各专业的技能大赛。人力资源管理专业组织开展了每年的校园模拟招聘大赛和“踏瑞杯”全国大学生人力资源管理知识技能竞赛，财务管理专业和审计学专业组织开展了每年的财会技能大赛、ERP沙盘

模拟大赛、“网中网杯”全国大学生财务决策大赛，物流管理专业组织开展了每年的电商物流创业营销大赛和“娃哈哈”全国大学生创意营销实践大赛。此外，财经管理学院还组织开展了每年的“挑战杯”大赛和“学创杯”全国大学生创业综合模拟大赛。第四，严格落实了实践教学规划。财经管理学院将校内实践教学的课程实验（实训）和专业综合实训纳入排课计划中，实行规范的课堂教学、管理和考核；将校外实践教学的专业认知、专业见习、顶岗实习、毕业实习做了大一专业认知、大二大三专业见习、大四顶岗实习和毕业实习的总体安排和落实。

以专业见习为例。一是财经管理学院严格落实了每位学生 3~6 学期分专业、分批次到专业对口的单位进行为期 1~2 周的课间专业见习和为期 1 个月左右的暑期专业见习。二是财经管理学院精心组织了每次专业见习活动尤其是课间专业见习活动。首先财经管理学院联系并落实了见习单位，与见习单位和学校洽谈好见习计划、内容、安排、要求等各个细节；其次财经管理学院对学生和指导老师做了专业见习动员，讲清专业见习的各项规定和计划，讲清本次专业见习的时间、地点、安排、要求及注意事项等。再次，带队领导（学院的、学校的）、指导老师带领本次专业见习学生前往见习单位，参加专业见习仪式，仪式结束后就开始进行为期 1~2 周的专业见习。最后，专业见习结束后，带队领导（学院的、学校的）、指导老师以及本次专业见习学生与见习单位要进行专业见习总结。三是财经管理学院尽职做好了每次专业见习的评定与归档工作。每次专业见习结束后，学院要求见习学生在一周内提交见习成绩考核册（含见习总结表和见习鉴定表），以专业为单位交给指导老师评阅，然后由指导老师上传成绩至教务处网页，并打印成绩单。最后，指导老师将见习成绩考核册（含见习总结表和见习鉴定表）、见习成绩单、见习总结等资料以班为单位交到财经管理学院，完善相关记录后由各教研室存档。

五、以实践教学有效化实现为检验，积极总结“信、济、敏、能”人才培养的成效与不足

为了充分发挥实践教学对“信、济、敏、能”应用型人才培养的作用，财经管理学院加强了对实践教学的总结工作。一是适时开展实践教学基地研讨会。财经管理学院每年都会适时组织开展一次实践教学基地研讨会，探讨实践教学活动中取得的成效、不足以及深化合作的意向，商讨一年一度的迎新晚会的实施细则。实践教学基地研讨会的开展加深了企业、事业单位、学校双方的交流沟通，总结了实践教学的经验与不足，夯实了进一步合作的基础。二是及

时召开校外实践教学总结会。每次专业见习、毕业实习结束后，财经管理学院都会及时召开总结交流大会，及时总结专业见习、毕业实习方面的工作，以便完善专业见习、毕业实习工作。以 2017 年 10 月至 12 月达州市地税局专业见习为例。2017 年 10 月至 12 月财经管理学院组织安排了 2016 级人力资源管理专业、财务管理专业、审计学专业共 180 名学生，分 9 批次到达州市地税局进行了为期 2 个多月的专业见习。此次专业见习从 2017 年 10 月 9 日开始，到 2017 年 12 月 15 日结束，2017 年 12 月 15 日 15：00 点财经管理学院及时地在学校图书馆 B 厅召开了总结大会。地税局主要领导、财经管理学院主要领导、指导老师、见习学生以及相关专业的学生参加了此次总结大会。地税局主要领导、财经管理学院主要领导、指导老师、见习学生代表积极发言，总结此次专业见习的收获、不足与期盼，这为以后更好地做好专业见习工作奠定了基础。三是及时总结专业技能大赛的得与失。财经管理学院按照“一年建平台、两年建基础、三年见成效”专业技能大赛规划，初步建立起以专业协会为依托，以教研室为抓手，以财经管理学院为保障的专业技能大赛体系，组织开展了各专业的技能大赛，初步取得了一些成效，如人力资源管理专业的校园模拟招聘大赛、物流管理专业的电商物流创业营销大赛、财务管理和审计学专业的点钞大赛、财务综合决策大赛。同时财经管理学院推选优秀代表队参加省级、国家级专业技能大赛，获得 2017 年“网中网杯”大学生财务决策大赛全国西区三等奖、“踏瑞杯”全国大学生人力资源管理知识技能竞赛二等奖，2017“学创杯”全国大学生创业综合模拟大赛四川省选拔赛二等奖、2017 年四川文理学院“学创杯”全国大学生创业综合模拟大赛二、三等奖等。但总体上看，各专业赛档次还不高，需要在不断总结经验的基础上提升档次。

总之，“信、济、敏、能”四个要素能够从总体上体现财经类专业人才区别于其他类型专业人才的特殊素质要求，是财经类人才培养目标的主要指标。“信、济、敏、能”人才培养目标是四川文理学院“三心四能五复合”人才培养目标在财经管理学院的具体落实。“信、济、敏、能”人才培养目标的实现，离不开有效的实践教学。为此，财经管理学院进行了一系列的实践教学探索：一是以诚信文化基地建设为依托，积极探索“信、济、敏、能”人才培养的校银合作框架。二是以完善实践教学体系为保障，积极构建“信、济、敏、能”人才培养的实践教学体系框架。三是以实践教学规范化管理为抓手，积极落实“信、济、敏、能”人才培养。四是以实践教学常态化进行为重点，“信、济、敏、能”人才培养目标日趋达成。五是以实践教学有效化实现为检验，积极总结“信、济、敏、能”人才培养的成效与不足。

参考文献

[1] 张亦春. 中国社会信用问题研究 [M]. 北京: 中国金融出版社, 2004.

[2] 王前. 社会诚信论 [M]. 北京: 中共中央党校出版社, 2003.

[3] 林毓生. 中国传统的创造性转化 [M]. 上海: 三联书店, 1996.

[4] 王峰, 郭德红. 财经类高校特色文化建设的实现路径 [J]. 北京教育(高教), 2015 (6): 24-26.

[5] 孟秋菊. 新建本科院校应用型专业实践教学的困境与建议——以四川文理学院管理系为例 [J]. 社科纵横, 2012 (9): 238-239.

[6] 全胜跃, 潘文, 龚文秀. 财经类高职院校实践教学体系的实践思考 [J]. 当代教育实践与教学研究, 2015 (12): 472.

[7] 郝尉君. 基于校企合作视角的高职财经类专业实践教学体系探讨 [J]. 现代经济信息, 2016 (8): 1.

确监管主体，保障监管权利，建立惩戒机制，落实失信惩戒，它确保信用主体的权益和维护良好的社会信用秩序；信用文化体系是通过社会诚信教育活动巩固诚信道德建设，引领社会成员建立诚信价值观，提升社会成员道德素养，营造出健康、优质的社会信用环境。

我国属于发展中国家，因而社会信用体系建设也呈现出上述提及的与西方发达国家不同的特殊情况，诚信、信用缺失在我国现代化建设过程中普遍存在①。因此，我国社会信用体系建设不能采取西方自由放任、慢节奏般建设的方式，而是要与当前我国社会经济发展需要相适应。因而，政府在社会信用体系建设中应当担当起主导作用，即《规划纲要》的要求：建设和完善社会信用体系要按照“政府推动，社会共建；健全法制，规范发展；统筹规划，分步实施；重点突破，强化应用”的原则有序推进。政府的主导作用主要体现在：首先是要发挥规划、立法、指导、协调和服务的作用；其次是要加强监管，依法惩罚违信行为，建立和维护良好的信用环境；再次是推动信用中介机构的整合和发展。本文不具体探讨政府在社会信用体系建设中的主导作用，而是聚焦高校在社会信用体系建设中的作用。根据“政府推动，社会共建”的原则，高校作为社会文化机构的重要部分和人类的精神堡垒，有义务、也有责任为未来社会培养有诚信、讲信用的高层次人才，并运用大学的批判精神和创新功能，在社会信用体系建设中发挥重要作用。

三、高校在社会信用体系建设中的任务

高校是高等学校的简称，也称大学。高校不仅要传授知识，即培养人的价值观和劳动技能，为社会经济发展提供人才支撑，还应创新知识、发展知识，为社会经济发展提供智力支持。在社会信用体系建设中，高校要在信用文化体系建设方面有所作为。

（一）全面开展诚信教育，形成全社会诚实守信良好风尚

诚信是社会主义核心价值体系的重要内容，开展诚信教育、普及诚信教育是引领社会成员诚信自律、提升社会成员道德素养的重要途径。高校要将诚信

---

① 诚信、信用缺失具体表现为：第一，商业欺诈、制假、售假现象到处可见；第二，合同违约和欺诈现象较为严重；第三，企业间三角债普遍存在，债务人赖账、拖欠、逃废债现象屡见不鲜；第四，有偿新闻、虚假广告、虚假财务报告、虚假股市分析屡禁不止；第五，走私、偷税、漏税、骗取出口退税无明显减退；第六，企业拖欠银行贷款，出现呆账、坏账、死账等；第七，企业虚假披露、包装上市圈钱行为时有发生；第八，盗版、侵犯知识产权、考试作弊、论文剽窃抄袭现象严重，甚至出现违背伦理的科研；第九，黑中介、传销改头换面，重现社会，碰瓷、电信诈骗、网络诈骗等新诈骗形式防不胜防。

教育与社会主义核心价值观教育结合起来，与社会公德、职业道德、家庭美德和个人品德教育结合起来，要主动承担社会信用体系建设责任。高校要在“师”与“生”两方面开展诚信教育，二者并举、不可偏废，要将诚信教育作为教师师德师风建设和学生思想品德教育的重要内容；要丰富诚信教育的内容，倡导爱国、敬业、诚信、友善等价值理念和道德规范，要挖掘诚信传统文化、诚信典故、诚信格言、诚信典型等；要创新诚信教育的形式和载体，开展丰富多彩的诚信教育主题活动；要发挥高校诚信教育的资源优势，要将社会成员作为诚信教育的对象，开展校地、校银、校企合作，大力实施诚信普及教育，开展诚信教育进机关、进企业、进社区、进乡村、进家庭活动。

（二）加强诚信文化建设，发挥诚信文化的价值引领作用

诚信是“诚”和“信”的合用，是诚实与信用的高度统一，不仅体现“诚实无欺”“相互信任”“信守承诺”“遵守规则”的字面含义，而且还蕴含“内诚于心”“外信于人”的伦理道德价值，更具有法学意义上的公民应当遵循的“诚实”“信用”基本原则。高校要以培育和践行社会主义核心价值观为根本，将诚信文化建设摆在突出位置，并落地落实。高校要发挥科研创新功能，充分挖掘诚信文化的丰富内涵和精神特质；要收集、发现、总结、提炼当今社会诚信典型故事，创作大众喜闻乐见的诚信文艺作品；要利用报刊、互联网、电视、微信公众号、讲座、舞台等渠道广泛开展诚信作品宣传和信用政策法规、信用知识宣讲；要开展校园诚信主题活动，评选诚信道德模范，树立校园诚信典型，使师生学有榜样、赶有目标；特别重要的是要不断总结、充实、发扬高校办学精神、育人理念、教学原则、学风特质，培育诚信群体意识和行为方式，使诚实守信成为师生乃至社会成员的自觉追求。

（三）开设信用管理专业，加快急需的信用专业人才培养

信用管理涉及征信管理（信用档案管理）、授信管理、账户控制管理、商账追收管理等，其主要职能是利用管理学的方法来解决信用交易中存在的风险问题，包括识别风险、评估风险、分析风险、控制风险、处理风险等。随着我国经济的飞速发展和外商在我国投资的不断增加，行业竞争日趋激烈，为了在市场竞争中保持不败地位的同时又最大限度地降低商业风险，企业对信用管理的需要变得越来越迫切。《规划纲要》明确提出，到2020年，基本建立社会信用基础性法律法规和标准体系，基本建成以信用信息资源共享为基础的覆盖全社会的征信系统。因此，信用管理是社会信用体系建设的重要方面。目前，我国信用管理专业开设时间短，学科建设还不成熟，信用管理人才奇缺。2002年教育部首次批准高校设立信用管理专业，上海财经大学和中国人民大学率先

开设信用管理专业并招生，截至2016年年底，全国共26所本科院校开设了信用管理专业，但每个学校招收本科生人数不多，一般在20~70人，硕博研究生招生人数就更少了。据网络报道称，国家商务部统计，在今后5年内，我国将至少需要50万名信用管理经理、200万名信用管理人员，特别是人力资源和社会保障部将“信用管理师”纳入《国家职业分类大典（2015版）》后，几乎所有企业都将建立起信用管理制度和信用管理部门，因此，该专业的人才需求和供给缺口极大。根据《规划纲要》内容，目前，高校要做好以下两点：一是“有条件的高校设置信用管理专业或开设相关课程，在研究生培养中开设信用管理研究方向”，加强信用管理学科专业建设。二是“推广信用管理职业资格培训，培养信用管理专业化队伍。促进和加强信用从业人员、信用管理人员的交流与培训，为社会信用体系建设提供人力资源支撑”。

四、高校校园诚信文化建设的现状与路径选择

（一）高校校园诚信文化建设的现状

1. 诚信教育未全面展开，诚实守信校园氛围未完全形成

高校校园诚信教育一般限于辅导员零星宣讲、领导干部个别场合强调和学校层面违规惩戒方面，诚信教育机制、诚信教育体系、诚信教育常态未完全形成，诚信教育也未成为高校重点工作，诚信缺失依然存在，诚信校园氛围未完全形成。主要表现在：

一是本科毕业论文抄袭现象较为严重。莱阳农学院（2007年3月更名为青岛农业大学）曾对该校2006届会计与财务管理专业本科生的100篇毕业论文进行检查，“逐个通过网上搜索进行‘真假’审核，结果发现从标题到参考文献全文照抄的占10%，虽来自于三篇（或以上）不同文章但仍大篇幅照抄的占30%，部分内容照搬的占50%，只有10%的学生通过自己的思考、在老师的指导下写出原创性的学士论文”。西安科技大学曾通过“中国知网”大学生论文抄袭检测系统对全校本科毕业论文进行质量抽检，结果显示，2011年抽检105篇，文字重复率大于30%的论文为44篇，占比为41.9%，其中单篇文字重复率大于70%的论文篇数为6篇；2012年抽检234篇，文字重复率大于30%的论文为53篇，占比为22.6%，其中单篇文字重复率大于70%的论文篇数为6篇。近年来，论文抄袭、学术不端如“过街老鼠，人人喊打”，各高校加大了管理和惩治力度，论文抄袭现象有所减少，但未得到根本治理。四川文理学院本科毕业论文未做过学校层面的统一质量抽检，但由于学生未得到系统性论文写作训练，科研能力不足，再加上学生论文写作投入不够、学生忙于找

工作、指导教师指导力度不足等，论文或多或少存在着抄袭情况。

二是教师甚至领导的论文存在抄袭现象，行为失范。《中国教育报》2014年5月2日报道，重庆师范大学政治学院教授张世友从教21年，10篇论文被指抄袭，“从讲师一路抄袭到教授”。2017年，厦门大学附属中山医院院长、党委副书记、厦门大学医学院常务副院长蔡建春被举报，其申请厦门大学博士学位的论文涉嫌抄袭，被抄袭的文章竟然来自于他的两名硕士生。

三是考试作弊现象较为普遍。考试不仅是国家各级机构选拔人才和从业者获取从业资格证的一种必要且有效方式，也是高校检测在校学生掌握知识的程度、运用知识的水平的一种评价手段。由于一些学生学习态度不端、社会不良环境的影响以及高校学业评价机制过于单一等，考试作弊成为大学校园里的“流行病”，不仅普通高校存在，“985”“211”或“双一流”大学也未能杜绝；不仅出现在课程结业和大学英语四六级等考试中，甚至考研考试中也不时传出作弊、泄题丑闻；不仅“差生”作弊，学生干部、学生党员也参与作弊。郑州大学问卷调查显示，52.6%的被调查者“从不作弊”，10.55%的学生作弊达到5次以上。广东海洋大学凌华明、普映山对广东四所高校进行问卷调查，结果表明，22.7%的被调查者认为目前高校考试作弊现象“严重”，52.8%的被调查者认为“一般”，24.5%的被调查者认为“很少”。近年来，四川文理学院推行考试改革，重新定义“补考”，实施“一科多考”，加大管理力度，规范考试程序，严格考试纪律，狠抓考风考纪，学生因考试作弊而受处分数量逐年减少。2016年3人次，2017年7人次，2018年0人次。但这非意味着在该校考试作弊行为已经杜绝，为确保及格或追求高分，作弊现象依然存在，艺体学生文化课基本功差，作弊较多的现象并未得到根本改善。

此外，恶意拖欠学费、骗取困难补助、骗取家长信任过度消费、就业材料造假、盗刷同学校园卡以及在学习中得过且过、报喜不报忧、瞒报少报不报等不诚信情况在高校不同程度地存在着。

2. 对诚信文化建设重视不够，价值引领作用未充分发挥

广义上的文化一般定义为人类在社会历史发展过程中所创造的物质财富和精神财富的总和；狭义的文化指社会精神财富的总和。诚信文化是一种信仰诚信、追求诚信的行为准则和价值观念，它不仅适用于社会经济领域，更属于伦理道德范畴。从诚信文化表现对象看，其表现形态可分为诚信行政文化、诚信企业文化、诚信居民文化等。把诚信文化应用于学校，我们可以称之为诚信校园文化，因此，诚信文化又是校园文化的重要组成部分。校园诚信文化表现为隐性的和显性两种形式，隐性的校园诚信文化需要不断培育，显性的校园诚信

文化需要充分挖掘。

目前，高校对校园诚信文化建设重视度不够，致使校园诚信文化的价值引领作用未得到充分发挥，主要表现在：一是对传统文化中诚信的丰富内涵和精神特质挖掘不够，诚信作品创新不多，鲜活的当今社会诚信典型故事宣讲次数较少；二是校园诚信典型人物培育缺失，诚信宣传仅限于标语、图片等，表现形式单一；三是未利用重要节点开展诚信主题教育活动，校园人人讲诚信氛围未得到培育；四是各高校确立了校训、校歌、办学精神等，但宣讲力度不够，二级学院对本学院院训、育人理念等总结也不足；五是校园诚信制度建设缺失，提倡诚信与失信惩戒等内容散见于学校各种规章制度中，无专门的系统的诚信建设制度；六是校园诚信物质环境建设不够，未充分利用宣传介质、人文自然景观、楼宇建筑等宣传诚信文化。

四川文理学院在系统性校园诚信文化建设方面已有三年历史，积累了一定经验。学校不仅是达州市首批“诚信文化教育基地”，还成为首批“四川省校园诚信文化教育试点学校”。其主要做法有：一是开展校银合作，与达州市金融系统建立了密切的联系，不断推动校园诚信文化建设；二是对校园诚信文化建设做了三年建设总体规划，每年制定具体实施方案稳步推进；三是落实校园诚信文化建设责任部门，由财经管理学院具体落实建设各项工作；四是开展诚信文化建设主题活动，新生“诚信签名”“工行杯”诚信演讲、“诚信财经”迎新晚会、诚信手抄报比赛等构成了活动的主要方面；五是开设“现代征信学”校级选修课程，组建了课程校银合作教学团队；六是开展诚信文化校银合作横向课题研究，2017 年完成达州市金融协会 7 项课题，2018 年 5 项课题获准达州市金融协会批准立项。但是，四川文理学院本科办学历史较短，校园建设资金瓶颈难以解决，教学楼、学生宿舍及其附属设施严重不足，校园空地率较高，楼宇少有命名且楼内硬件文化建设不足，学习生活条件也与其他高校存在较大差距，这些致使文化价值的潜在影响力无法得到充分体现。

3. 开办信用管理专业存在困难，信用专业人才培养不足

尽管信用管理人才奇缺，信用管理专业毕业生社会需求面广，但是，绝大多数高校开办信用管理专业存在较大困难，主要在于：一是我国信用管理专业开办时间短，办学经验不足，学科建设还不成熟。2002 年信用管理专业率先在上海财经大学和中国人民大学开办，至今仅有 16 年办学历史；16 年中，该专业的高校覆盖率低，至 2016 年，全国近 2 600 所普通高校仅 26 所本科院校开设了信用管理专业，地方普通高校未得到普及；高校在教材编写方面有一定成果，2015 年 9 月，高等教育出版社和中国人民大学信用管理研究中心出版

了包括《信用管理学》《信用经济学》《信用风险度量》等八本具有突出专业特色的教材；办学过程中，高校在人才培养模式方面积累了一定经验，但也存在“信息公开程度、专业认知度较低”“专业核心竞争力较缺乏，课程设置重理论、轻实践”“教育教学资源、师资力量有待进一步整合提高”“隐性课程设置较少，未形成信用文化氛围”等问题。二是师资力量不足。招收信用管理专业的高校每年招生人数不多，本科生一般在20~70人，硕博研究生招生人数较少。从信用管理专业的硕博招生情况来看，上海财经大学“2004年招收硕士8人，2005年招收博士1人，2011年后只招硕博连读，已毕业约600多人”；中国人民大学已培养“硕士百余名、博士十多名”；西南财经大学2008年招收硕士16人。该专业毕业生毕业后一般进入银行或非银行金融机构、信用管理企业、信用服务中介机构或政府机关就业。由于该专业硕博毕业生少，到高校工作的寥寥无几。三是在职教育和岗位培训力度薄弱。四川文理学院至今无信用管理专业教师，财经类教师不仅人数少，而且年轻，职称整体偏低，目前开办信用管理专业条件尚不成熟。不过，该校开设“现代征信学”选修课程，组建课程教学团队，为申报信用管理专业创设了一定条件。假以时日，该校在课程建设、师资培养等方面不断积累，会在专业建设方面有所建树，并为社会信用体系建设做出应有的贡献。

（二）高校校园诚信文化建设的路径选择

校园文化是一所学校在长期发展过程中，逐步积淀而形成共识的一种价值体系，包括价值取向、办学思想、育人理念、群体意识、行为规范等，也是一所学校办学精神与环境氛围的集中体现。校园诚信文化是校园文化的有机组成部分，其建设应当统筹规划、循序渐进、长期实施。

1. 建立健全诚信规章制度，以制度保障诚信

我国传统文化中的诚信仅注重于个人层面道德修养，而没有成为普遍的社会道德义务，无政府诚信、企业诚信理念；社会主义核心价值观缺乏社会诚信约束机制。高校校园诚信文化建设也不是短期行为，至今收效不明显，甚至一定时期出现滑坡，其中一个原因即是没有一个系统的校园诚信规章制度。因此，高校应当尽快制定一部系统的切实可行的校园诚信文化建设的规章制度，并在实践中加以完善，这是当前校园诚信文化建设的关键。制度建设重点内容应当包括学校及各部门的信用制度建设、教师的师德师风规范和学生诚信教育、诚信评价、诚信档案等。有效的制度约束机制可以限制人的欲望本能，遏制人性恶的膨胀，弥补道德自律的缺陷；制度他律和道德自律相结合，可以逐步建立起校园的普遍诚信。

2. 加快诚信校园环境建设，以环境孕育诚信

校园环境既是校区环境，也指周边环境；既是物质硬环境，也指文化软环境。这里的校园环境建设主要是指诚信文化物质硬环境建设，校园环境建设要处处体现诚信文化建设。例如，利用橱窗设置诚信教育专栏，灯箱、路牌、墙壁等设置诚信道德格言、警句。高校要在显眼位置精心设计，打造校园诚信人文景观，甚至可以设立诚信文化长廊，宣讲传统文化中的“曾子杀猪”“季札挂剑”“季布一诺”“立木为信”“破镜重圆”等诚信典故。高校尤其要重视学生寝室的诚信道德教育和诚信道德管理。四川文理学院一直致力于寝室文化建设，至今已举办十六届。寝室文化建设不仅仅是做好寝室清洁卫生，更要注重文化内涵，要把“诚信”文化渗入寝室文化中。例如，制定寝室规章，规范寝室成员守信、守约行为；开展“诚信”小活动，制作“诚信”小作品，促使寝室成员思考诚信价值，从而提高诚信意识，陶冶诚信情操，升华诚信品质。

3. 全面加强师德师风建设，以师风塑造诚信

教师是校园诚信文化建设的主体对象之一，不能游离于诚信文化建设体系之外。教师的高尚师德、人格魅力和学识风范是对学生最生动、最具体、最久远的教育，有着强大的示范感染力量。高校要加强师德师风建设，建立师德师风考评机制，注重发挥教师诚信道德的榜样作用。高校师德师风建设要求教师做到：一是政治坚定、思想过硬，爱党爱国，不得有违背党和国家方针政策的言行，不得散布有损师德和学校声誉的言论；二是遵纪守法、依法执教，严格遵守课堂教学规范和工作纪律，不发表不当言论，不传播不良信息；三是爱岗敬业、教书育人，遵循教育规律，创新教学方法和教学手段，精通教育教学业务，因材施教，育人为本，不断提高教学水平；四是严谨治学、与时俱进，重视学术诚信，秉持学术良知，恪守学术规范，尊重他人劳动，维护学术尊严，自觉抵制学术失范和学术不端行为；五是严慈相济、关爱学生，尊重学生人格，平等公正对待学生，做学生的良师益友；六是尊重同事、关心集体，相互学习，相互帮助，不诽谤、贬低、打击同事，努力构建友好和谐、积极向上的人际关系；七是为人师表、情操高尚，遵守社会公德、职业道德，学高为师、身正为范，学为人师、行为世范，言行雅正、举止文明、作风正派，严格家风家教，树立家庭美德，实现家庭和谐；八是廉洁从教、乐于奉献，自尊自律，不索要、收受学生家长钱物，自觉维护人民教师的良好形象，做有理想信念、有道德情操、有扎实学识、有仁爱之心的“四有”好教师。

4. 创新诚信教育思政形式，以思政培育诚信

诚信教育是一种价值观教育，价值观教育是思政教育的重要任务。思政教育是学校经常性的工作，要不断创新思政教育形式，拓宽思政教育渠道，创建思政教育平台，丰富思政教育内容，思政教育才能收到良好效果。高校诚信思政教育要在以下几个方面开展：一是坚持全员、全过程、全方位的“三全”育人理念，努力实现思政课程与专业课程相结合。高校要在充分发挥思政课程主渠道育人功能的同时，注重专业课程情感价值体验（如教师的授课风格、教学感染力、课堂管理效果等），以实现思想政治教育与知识体系教育的有机统一。二是要丰富诚信思政教育载体，发挥网络思政教育育人功能。高校要充分利用微信公众号、QQ 校园号、易班、微博等新媒体，传播正能量，宣传诚信典型人物，讲好诚信经典故事。三是要加强学术交流，经常性举办高水平学术讲座。高校要充分利用高水平学术讲座校园认同的感染力，进而形成高水平学术讲座校园思政育人效果。四是要健全诚信教育内容体系。高校既要注重基础层面诚信道德情感的培养，确立诚信立人的意识，把诚信作为做人的准则，又要开展遵纪守法教育，培养学生遵纪守法意识和个人社会信誉意识；既要注重学生诚信心理品格的培养，体验诚信心理情境，巩固对诚信价值的认同和信仰，又要开展文明礼貌教育，通过外在的文明礼貌行为实践养成诚信的内在品质；既要开展责任意识教育，做一个有责任心和能够负责任的人，又要开展无私奉献、乐于助人教育，引导学生关心他人、关爱他人。

5. 开展诚信教育主题活动，以活动促进诚信

诚信教育主题活动是校园诚信文化建设中最喜闻乐见、最生动活泼、最吸引学生参与的载体，一般以“活动月”方式年复一年展开，每个活动月确定一个主题。诚信教育主题活动的适时进行，能促进学生获得诚信道德知识、体验诚信道德情感、认同诚信道德价值、实践诚信道德行为。诚信教育主题活动可以由“认知—体验—认同—践行—评价”五个环节组成。认知环节主要让学生认知和了解诚信道德的内涵，在知识层面掌握诚信基本的价值规范和是非标准；该环节可以由诚信知识宣传、诚信教育讲座、诚信活动宣讲、相关文件法规学习等组成，高校尤其要宣传“校训”所蕴含的诚信价值。体验环节是组织者创设诚信体验具体情境，组织学生以道德主体的身份参与情景，用认知的道德知识来感受、评判情景的道德性；该环节可以由诚信主题演讲赛、辩论赛、征文、手抄报、情景剧、“LOGO”标识征集、故事会、阅读活动、电影观摩、诚信签名、名人访谈、诚信志愿者活动等组成。认同环节是组织者搭建交流平台，使学生在感性体验基础上，通过民主、开放、理性的交流对话，感

悟诚信道德价值的要义，并使之成为自己的道德信仰；该环节可以由诚信座谈会、诚信主题班会等组成。践行环节是组织者创造条件、搭建平台，使学生在实际学习生活中将自己内心已经认同的价值标准外化为道德行为；该环节可以由无人监考“诚信教室”、无人售卖“诚信小铺”、无人管理“诚信雨伞”等组成。评价环节是由活动组织者对上述四个环节开展实施的情况进行总结评比，并根据一定的标准选树典型，予以表彰和推广，对不诚信的人予以惩戒，对不诚信的事予以曝光、谴责；该环节可以由评议评选会、表彰总结会、典型推广等组成，可以评选“诚信之星”“诚信寝室”“诚信班级”等。

6. 探索建立学生诚信档案，以档案推进诚信

诚信档案是对个人诚信信息的记录，是评价个人诚信状况的依据。学生档案从小学到大学仅有简单寥寥数语的定性式的思想品德评价，我们无法通过该档案客观真实了解一个人的诚信品格。高校要完善校园诚信文化建设，应当建立一个针对性强、具有诚信塑造引导作用的专门的大学生诚信档案。建立大学生诚信档案是构建诚信他律机制的基础，对大学生具有极强的守信激励和失信约束作用。大学生诚信档案可视为大学生的第二身份证和社会通行证，一旦形成，终身不得更改，学生毕业时，诚信档案与学生其他档案一道转交档案管理部门，作为用人单位选人、用人的依据。大学生诚信档案应当成为学生综合档案的一部分，具体内容除了学生的个人基本资料、课程学习成绩、专业技能证书、管理工作经历、社会实践记录、见习实习状况、毕业设计成果、奖励惩处记录等，还应重点纳入大学生的信用记录。大学生的信用记录包括学生在校期间学习考试诚信、借款还贷诚信、遵规守法诚信、论文写作诚信等内容。大学生的诚信档案应由专门部门统一管理，要研究、开发学生档案管理电子信息系统，提高档案输入、管理、查询效能。大学生的信用记录影响学生终身，高校既要如实记录，又要慎重记录。高校要在客观记录的基础上建立大学生诚信测评制度，制定诚信评估标准。诚信评估标准主要采取定量分析方法，对学生的信用指数进行客观评价。高校要建立诚信奖惩制度，加大守信激励，将学生诚信状况与奖助学金评定、优秀学生评选、推优入党考察、综合测评、信用贷款、求职就业、升学保研等挂钩，作为评选评定重要依据；同时高校也要加大对失信者的处罚力度，提高失信成本，要将考试作弊、论文抄袭等严重失信行为与处分、留级、毕业挂钩。高校也要探索学生信用修复机制，要实行不良信息有效期制度，要允许和鼓励学生通过参加支教、帮扶、志愿者等公益活动，修复其不良信用信息，甚至是消除失信记录。诚信档案的建立可以促使大学生更加关注自己的诚信行为，自觉规范日常行为，努力提高自己的诚信度。由于

建立诚信档案是一项开创性工作，各高校应当安排专门力量研究、探索，并促使上级部门进行档案管理改革，进而推进社会信用体系建设。

诚信文化建设是一项社会系统工程，是教育机构管理部门的一项工作，也是高校内部工作，它不仅需要政府宏观架构、顶层设计、行政推动，也需要社会各部门、社会全体成员、学生家庭等共同发力，形成诚信文化建设大格局，才能收到成效。诚信文化建设既是思想观念的认知过程，又是行为习惯的养成和积累过程，是一个长期、渐进的过程，不可能立竿见影、急于求成。本文根据我国社会主义市场经济体制的情况以及社会信用体系建设的客观要求，对高校校园诚信文化建设做了六个方面的路径设计，但由于其建设过程的复杂性，我们要充分估计建设的难度。四川文理学院在校园诚信文化建设方面做了有益探索，构建了“三二二”大思政格局①，诚信文化建设取得了一定成效，但离建设的要求还有较大差距。诚实守信，重在实践，贵在积累，校园诚信文化建设与社会信用体系建设一样，任重而道远。

参考文献

[1] 陈新年，曹文炼，“美国信用体系”考察团. 美国信用服务体系发展状况及对我国当前社会信用体系建设的启示 [J]. 经济研究参考，2005 (8)：31-38.

[2] 冯春晓. 关于德国社会信用体系建设模式的若干思考 [J]. 北方经济，2014 (8)：77-79.

[3] 池凤彬，刘力臻. 日本征信业的历史沿革及运营机制分析 [J]. 现代日本经济，2018 (5)：81-94.

[4] 李乖琼. 中国社会信用体系建设研究 [D]. 北京：中共中央党校，2016.

[5] 孙金阳，龚维斌. 中国社会信用体系建设 40 年 [J]. 社会治理，2018 (11)：31-37.

[6] 刘建洲. 社会信用体系建设：内涵、模式与路径选择 [J]. 中共中央党校学报，2011 (6)：50-53.

[7] 杜金富. 对我国社会信用体系建设的有关思考 [N]. 金融时报，

① “三二二”大思政格局指“三条主线、两翼阵地、两轮驱动”。三条主线指“大力加强青年学生思想政治工作”“大力加强教师队伍思想政治工作”“大力加强党员干部队伍思想政治工作”；两翼阵地指“大力加强校内各级各类意识形态阵地建设”“建立完善校内外思想政治教育实践基地”；两轮驱动指“大力加强协同创新机制驱动建设”“大力加强运行考评机制驱动建设”。

2012-04-12 (1).

[8] 曾君，姚丹，余丽霞. 国内信用管理专业教育现状及问题研究——基于人才培养模式构成要素视角 [J]. 成都师范学院学报，2017 (5)：1-7.

[9] 金贞姬，许秀梅，陈秀芝. 财会专业本科生毕业论文写作现状及改进 [J]. 财会通讯，2007 (6)：126-129.

[10] 郭长立，杨曼，潘昊. 本科生毕业论文抄袭问题的治理及效果比较 [J]. 实验技术与管理，2013 (3)：130-134.

[11] 刘运喜. "从讲师抄到教授" 学术评审机制当反思 [N]. 中国教育报，2014-05-02 (2).

[12] 马爱平. 论文抄袭之风为何屡禁不止 [N]. 科技日报，2017-08-18 (6).

[13] 广晖. 大学生考试作弊调查及思想政治教育对策研究 [J]. 科教文汇，2017 (12)：14-17.

[14] 凌华明，普映山. 关于大学生对考试作弊认识的调查分析 [J]. 吉林广播电视大学学报，2018 (5)：29-31.

信用管理专业建设可行性研究①

熊光明② 傅忠贤

摘要：2014 年以来，社会信用体系建设如火如荼，市场对信用管理专业人才需求急剧增加。然而，已开办信用管理专业的高校较少，培养的信用管理人才数量难以满足社会需求。同时，国家也在不断号召，要加快信用管理人才培养和专业建设。四川文理学院作为川东四市唯一一所省属本科院校，基本上具备了申办信用管理专业的基础条件。本文通过对四川文理学院申办信用管理专业可行性进行论证，提出以下建议：夯实办学基础，加强教师队伍建设，积极和适时申报信用管理专业。

关键词：信用管理；专业申报；人才培养

一、四川文理学院申办信用管理专业的现实意义

（一）有利于建设社会信用体系

2014 年，国务院颁布的《社会信用体系建设规划纲要（2014—2020 年）》明确提出要加快信用专业人才培养，在信用管理学科专业建设方面，把信用管理列为国家经济体制改革与社会治理发展急需的新兴、重点学科，支持有条件的高校设置信用管理专业或开设相关课程[1]。2018 年，四川省人民政府办公厅印发《加强个人诚信体系建设实施方案的通知》，提出“在加强校园诚信教育方面，支持有条件的高校院所开设信用管理相关专业”。随着我国市场经济的深入发展，信用交易和信用需求日益扩大，信用管理日益得到重视，构建社会信用体系成为社会发展的必然。四川文理学院依托现有专业和办学条件积极申办信用管理专业和培养信用管理人才，这是对国家和地方政策的贯彻落实。

（二）为社会培养急需的信用管理人才

2014 年 11 月，四川省政府印发《四川省社会信用体系建设规划（2014—

---

① 基金项目：四川文理学院 2018 质量工程项目——优质课程——企业课程“现代征信学”阶段性成果，编号为川文理〔2017〕71 号，序 2 号。

② 作者简介：熊光明，财经管理学院教师，研究方向为金融投资、信用管理。

2020年）》，明确到2020年，社会信用基础性发挥和标准体系基本建成，信用服务业成为现代服务业重要的新兴产业。为了更好地建设四川省社会信用体系，2016年8月，四川省办公厅印发《关于印发四川省社会信用体系建设工作实施方案的通知》，提出积极发展信用产业及服务市场，包括培育信用需求、培养信用职业（专业）人才、发展信用服务机构、实行信用服务市场监管和准入制度、设立信用服务行业社会组织[2]。为了加快推进社会信用体系建设，四川省政府印发了《关于加快推进社会信用体系建设的意见（川府发〔2017〕11号）》，再次强调加快培育信用服务市场和继续创建社会信用体系建设示范城市。我校所在的达州市是四川省“十三五”重点建设的城市之一，国家高度重视秦巴山区和川陕革命老区发展、成渝经济区规划推进实施。达州市编制了《达州市社会信用体系建设规划（2016—2020年）》，明确提出将信用服务市场建设成达州市现代服务业的重要产业。2018年，四川省委决定将达州市建成川渝陕结合部区域中心城市和东出北上交通枢纽。达州市政府积极落实国家、省政府制定的社会信用体系建设相关内容，出台《2016年社会信用体系建设工作要点》和《达州市人民政府办公室关于印发达州市社会信用体系建设工作实施方案的通知》（达市府办〔2017〕48号）。以上工作的开展，无不需要大量的信用管理人才。

一般而言，经济发展和信用活动呈正相关关系。当前，我国已经成为世界第二大经济体，但信用发展严重滞后，失信现象较为普遍，社会信用管理意识有待提升。随着社会信用体系建设日益完善，联合激励和惩戒措施不断落实到位，居民信用意识有所改善，但我国市场经济发展时间不长，法制建设仍然有待完善，企业对信用管理的重视程度不够，设置信用管理岗位的企业占比较少。随着市场经济进一步向纵深发展和国际贸易日益频繁，企业加强信用管理和增加对信用管理人才的需求将成为必然。

信用管理为应用型专业，涉及经济学、管理学、信息学、统计学、社会学等多个专业领域，其应用领域极其宽泛，既可用于金融部门风险管理和商务领域的客户信用管理，也可用于政务部门的社会信用管理。截至2017年年底，全国开设信用管理专业的本科院校仅27所，具备信用管理专业硕士或博士培养资格的院校只有5所，而在四川省开设信用管理专业的本科院校仅有西南财经大学1所，相对市场巨大的信用管理人才需求，当前的人才培养明显供不应求。与社会信用建设迅猛发展相比，信用管理人才供给速度远远落后于行业发展。我校所处的川东四市（达州市、巴中市、广安市、广元市）经济社会快速发展，社会信用体系建设如火如荼，信用管理人才需求巨大。目前，四川省仅有唯一一所本科院校具有信用管理专业招生资格，从 2008 年以来为四川省培养了一批市场急需的信用管理人才，但毕业生数量明显难以满足四川省对信用管理人才的巨大需求，而省外高校培养的来川工作的信用管理人才并不多。川东四市经济相对落后、区位优势不足，市场稀缺的信用管理高素质人才既不愿回来也难以引进，而该四市又无其他本科院校、也无金融学、经济学等相关本科专业。因此，信用管理专业人才的高层次、就地化培养已势在必行，这个任务自然落到了川东唯一一所全日制普通本科院校——四川文理学院的肩上。

（三）学校学科建设和发展定位的需要

四川文理学院作为地方性本科院校，肩负着发展革命老区，为地方社会经济发展培养高素质应用型人才和提供智力支持的历史任务。我国长期以来坚持以经济建设为中心，当前，四川文理学院虽然设置了财经管理学院，但却没有开设经济类专业，难以吸引更多的经济类优秀人才到校任教和为地方经济发展服务。为适应经济社会和高等教育发展需要，结合学校和地方经济社会发展实际，财经管理学院申报信用管理专业。该专业的建设是落实学校办学思想体系、调整学科专业布局、创新人才培养、拓展合作办学领域的题中之意，是优化专业结构、凸显办学特色、进行错位发展的重要举措。信用管理作为经济学科，开设该专业可以填补四川文理学院和川东四市经济类本科专业的空白。

二、四川文理学院基本情况和办学定位

学院创建于 1976 年，2006 年经教育部批准，正式升格为四川文理学院。学校占地面积千余亩，校园建筑面积 30 余万平方米。校内馆藏纸质图书 139.05 万余册，电子资源 36 434.96GB，中外文期刊 671 余种，教学仪器设备总值近 10 941 万元。各类教职工 1 100 余人，其中专任教师 686 人，正副高职称 246 人，具有硕博士学位的超过 70%。学校现设有 17 个二级学院，开设有 50 个本科专业、15 个专科专业和 40 多个成人高等教育专业。学校全日制在校普通本专科学生近 14 000 人，其中本科生 1.1 万余人，生源覆盖全国 20 多个省市，是一所以文、理、工学科为主，多学科协调发展的应用型本科院校。

学校作为川东四市唯一的省属普通本科院校，担负着为革命老区和川东地区经济社会发展培养高素质人才和提供智力支持的历史重任。学校以“双一流”建设、内涵建设、转型发展等政策为指引，紧跟经济社会转型和现代服务业大发展的时代步伐，实施学科专业一体化发展策略，即加强专业集群建设，培育专业特色，提升办学效益，深化产教融合[3]。学校把握区域产业集群发展的外部机遇，借鉴省内外高校的发展经验，积极更新办学思想观念，不断

强化本科意识和质量意识，努力扩大服务范围和服务对象，逐步形成并明确了符合学校办学实际、适应区域经济社会发展需要的办学指导思想和办学定位。四川文理学院经过探索，逐渐形成了以应用型本科教育为主、创造条件举办地方经济社会急需的专业硕士教育的办学层次定位，面向生产、管理和基础教育第一线培养德智体美全面发展、适应地方经济文化建设和社会发展需求的高素质应用型人才的培养目标定位以及立足川东、面向基层、服务地方、辐射周边省市的服务面向定位。

三、四川文理学院申办信用管理专业的基础条件

（一）财经管理学院发展定位

四川文理学院确立了“三心四能五复合”的人才培养目标，财经管理学院根据学校制定的人才培养总目标确立“信、济、敏、能”四位一体的高素质应用型人才培养目标。培养的人才直接面向我国经济建设主战场，要求具有“诚信”的基本品格、“济世”的家国情怀、“敏学”的思维特质和“尚能”的技能指向。财经管理学院立足自身实际，构建了“12345”发展总体规划。学院围绕一个目标：培养“信、济、敏、能”四位一体的高素质应用型人才，着力塑造“诚信、济世、敏学、尚能”的特色财经文化。学院突出两个重点：一是构建三个课堂联动机制，落实以课堂教学为第一课堂，以校园社团活动、学科竞赛及文化活动为第二课堂，以走向社会顶岗实习实训等社会实践活动为第三课堂的整体联动；二是构建三类实践互促机制，课程实验、专业实训、综合实践三类实践活动互相促进。学院发展培育三大特色：留学生教育塑窗口、诚信文化基地建设跃层次、职业技能大赛创品牌。学院打造“四支团队”：着力培育和塑造双师型教学团队、创新型研究团队、服务型管理团队、协作型实践指导团队。学院强化五大保障：抓好党的建设，激发发展活力；加强制度建设，健全体制机制；落实岗位职责，增强执行能力；培育财经文化，强化思想引领；整合社会资源，拓展事业平台。学院开办财经管理类专业的管理理念基本成熟，形成了适合财经管理类专业建设和人才培养的好方法、好模式、好经验。

（二）师资配备

财经管理学院作为四川文理学院的二级学院，也是预备开设信用管理专业的学院，学院拥有本科专业教师 35 人，其中享受国务院政府特殊津贴专家 1 人、博士 4 人（1 人在读）、硕士 30 人、教授 3 人、副教授 4 人、“双师双能型”教师 1 人，具有金融行业背景教师两人，兼职教师中两人从事金融工作

20年以上。

（三）课程建设

财经管理学院深入推进教学改革，狠抓教学质量工程。目前，财经管理学院已建成“政治经济学”“企业战略管理”“基础会计”“财务管理”“审计学”5门校级精品资源开发课程；3项校级教育教学研究与改革项目获准立项；“现代征信学”“物流管理实训”两门企业课程和“管理学原理”“财务会计”两门优质在线（开放）课程以及“Excel在会计和财务中的应用”1项校级自编教材获得学校批准立项建设，建有财务与会计校级教学团队，经济学教学团队获得校级批准立项建设。在信用管理主要专业学科课和专业基础课程开设方面，超过一半为已开设课程，在教学和管理方面积累了一定的经验，为部分信用管理专业课的开设打下了坚实基础。

（四）实验实训和实践教学基地建设

校内建有财务决策实验室、ERP实验室、财务虚拟仿真实验室、人力资源实验室、模拟银行、会计手工实验室、会计技能实验室、川东北电商物流实验室，建设资金400余万元。学院购买了网中网、用友新道、踏瑞等公司提供的全套实验实训软件，基本能满足现有专业和课程校内实验实训需要。学院与达州市财政局、达州市税务局、达州公路物流港、成都京东世纪贸易有限公司、中国人民银行达州市中心支行、中国工商银行达州分行、达州市人力资源公司、通川区一小莲湖学校等单位建立了稳定的实践教学基地，其中达州市税务局是首批校级示范性实践教学基地。

（五）校地校企合作不断拓展

除专业见习实习常态化开展外，高校与金融系统建立了达州市首批诚信文化教育基地，学校成为四川省首批诚信文化建设示范学校；学院把诚信文化教育纳入新生入学教育，举办面向达州市的诚信文化演讲大赛（已举办三届），在迎新晚会植入诚信主题，举办诚信文化手抄报比赛；学院组建“现代征信学”校企合作教学团队，开设“现代征信学”校级选修课程，把“现代征信学”列为学院各专业必修课，建设“现代征信学”校企合作课程；学院开展诚信文化横向课题研究，2017年和2018年累计完成达州市金融学会12项课题。

（六）学科带头人经验丰富

傅忠贤教授作为学科带头人，拥有丰富的教学和管理经验，现任财经管理学院院长，三级教授，校级教学名师、校级学术带头人，四川省社会科学高水平研究团队（四川革命老区生态文明建设研究团队）核心成员，四川省咨询业协会高级经济咨询师、中国高等师范院校《资本论》研究会理事、达州市社科联兼职副主席，达州市第五届有突出贡献的中青年科技拔尖人才。2004年傅教授被四川省教育厅、四川省人事厅评为“四川省优秀教师”，获2011、2012年度四川文理学院“科研十佳”称号，有2项成果获四川省人民政府三等奖，有3项成果获四川省社科成果优秀奖，有2项成果获得达州市人民政府一等奖，有3项成果获得达州市人民政府二等奖。傅教授研究方向主要集中于为区域经济和农村经济，擅长农村经济的理论研究。

四、信用管理专业人才培养目标

（一）专业属性

学院预申请的信用管理专业为经济学科，其支撑学科为经济学、管理学、统计学、社会学、信息学，授予经济学学士学位，标准学制为4年，修业年限为3~6年。

（二）培养目标

信用管理专业以信用信息为研究对象，以信用风险管理为核心，以提供信用产品与服务为宗旨，是集个人或企业战略管理、经济学、金融学、财务管理、统计学为一体的新兴学科。财经管理学院将坚持“三心四能五复合”的人才培养目标和“四化一体”的人才培养模式，培养具有扎实的经济学和管理学理论基础，掌握数理统计和计量经济基本分析方法，并在信用分析与管理方面具有深厚理论基础和应用能力的信用管理专门人才。信用管理专业目标职位定位：在央行、征信管理中心、政府信用管理部门从事相关工作，在信用评级公司或征信公司从事信用分析、信用管理咨询、数据库和模型开发工作，在保险公司资管、担保公司内评、银行风险管理、证券公司、基金等金融机构部门从事研究、信用风险评估、债券承销和交易等工作，在大型企业集团制定信用政策、评估交易对手风险等，创办信用管理咨询服务企业。

（三）培养规格

1. 素质结构

信用管理专业要求学生努力学习和系统掌握中国特色社会主义理论体系和社会主义核心价值体系等方面的基本知识，具有较强的思想政治素质；要求学生养成积极乐观、吃苦耐劳、乐于奉献的优良品质和高尚情操，具有较高的道德和美德素质；要求学生育成爱学、会学、能学的习惯和学会、学能、学全的本领，培养爱心、善心，关爱生命、履职担责，具有良好的文化科学素质；要求学生参与各种有益于身心的锻炼和实践活动，具有健康的身体心理素质。此外，我们还要培养学生的“三心”，即始终保持高度的责任心，把个人的学习与国家、社会的发展结合起来，把家庭的幸福与个人的成功结合起来；在学习和工作中积极涵养持续的进取心，围绕人生奋斗目标永不言弃，持续充满正能量；始终保持强烈的好奇心，好奇是创造的源泉、探索的动力。

2. 能力结构

信用管理专业要求学生学会系统思考，善于统筹谋划，学以致用，具有较强的思维能力和实践能力；要求学生学会写作，善于对话与沟通，具有较强的写作能力和表达能力；要求学生学会协作，具有较强的团队意识和协作能力；要求学生熟练运用计算机，掌握部分统计、信用管理软件的使用，具有较强的分析和解决实际问题的能力；要求学生主动适应国家经济发展新常态，具有较强的自主学习能力和创新能力。

3. 知识结构

信用管理专业要求学生掌握经济学、金融学、管理学、统计学等基本原理以及信用管理的基本理论，善于运用数学、统计学等分析工具和方法，掌握数据挖掘等技能，并能将其实际应用到金融、信用管理等领域；要求学生了解与信用管理相关学科与专业的发展动态及前沿，熟悉国家有关信用管理方面的方针、政策和法规；要求学生熟练运用办公自动化，掌握一门外语，能够阅读本专业的外文书刊和研究文献，进行基本的外文翻译和交流，具有人文精神、科学素养和职业道德。

五、四川文理学院增设信用管理专业存在的不足

（一）办学基础有待提升

四川文理学院地处川东北经济欠发达地区和川陕革命老区，远离大中城市，经济基础薄弱。作为省属普通本科院校，四川文理学院办学经费极为紧张，在扩大办学规模、基础设施建设、人才引进等方面处于劣势。四川文理学院于2006年正式升格为本科院校，进行本科教育时间短，目前仍然没有获得硕士授予点，教学经验积淀不够，金融和信用管理的课程有待完善，在教学和管理方面仍然有较大的提升空间。在教学实践基地方面，财经管理学院目前已经形成了一批稳定的实践基地，但主要围绕现有四个本科专业建立。达州市当前仍然没有专业的信用管理公司，若开设信用管理专业，学院将面临实践教学基地短缺的现实问题。

（二）师资队伍数量和教学质量有待提升

财经管理学院的师资队伍相对薄弱。财经管理学院拥有人力资源管理、财

务管理、物流管理、审计学四个本科专业，这为申办信用管理专业奠定了基础。但是，我们也应该看到学院师资相对不足的问题，单个专业师资配备不足10人，学院若开设信用管理专业，势必进一步分散现有专业的师资配备。学院专业和课程多，教学任务重，不合理的教师结构已经影响正常的教学与管理。信用管理专业虽与金融学相近，但仍然有多门专业性极强的课程，目前从事现代征信学课程教学的老师也是“半路出家”，尽管拥有金融背景，但对一些细分领域还是比较陌生。同时，达州市目前没有在本地注册的信用管理公司，校企合作和协同育人难以进一步开展。

教师质量有待提升。在现有教师中，高级职称和高学历占比较少，教师队伍呈年轻化，教学经验欠缺。在教师队伍中，管理学教师偏多，经济类教师较少，金融类专业的教师极为欠缺，然而信用管理专业要求教师拥有扎实的金融基础知识和丰富的金融实践经验。

六、对四川文理学院增设信用管理专业的建议

（一）夯实办学基础

财经管理学院应进一步加强现有学科中与信用管理专业相近的专业课程建设，建立多个学科团队，不断推出各个层级的精品课程；将信用管理课程纳入大一通识教育，营造诚信文化氛围，提高学生的诚信意识和信用管理基础知识；以公选课形式开设部分信用管理基础专业课程，积累信用管理教学经验；进一步优化实验实训和实践教学基地，拓宽现有合作内容和方式。

（二）加强教师队伍建设

财经管理学院应大力培育和引进高层次人才，打造学科专业带头人队伍，加快改善教师队伍学历结构、年龄结构、职称结构、学缘结构、地缘结构、专业结构步伐，内培外引并重，深入推进青年教师导师制，大力促使青年教师快速成长；引进信用管理行业专家，充实学科带头人力量；鼓励现有授课内容与信用管理专业相近的教师加强信用管理知识学习，利用课余时间对信用管理专业加以研究，努力推出部分信用管理科研成果；鼓励现有教师到其他高校进行信用管理专业进修，参加信用管理学术会议，到信用管理机构挂职锻炼。

（三）积极筹备和努力申报

当前，学校确定了申办信用管理专业申报的意向，为了使信用管理专业能够成功申办，学校应当设立信用管理专业申办小组，申办小组在学校的领导下对专业申办进行积极论证、筹备，填写和递交申报材料，为学校申办信用管理专业提供条件，其他部门也应当为专业申请提供协助和支持。筹备得越充分，

申报成功的可能性越大。同时，学校要吸取其他专业申报失败的经验，早做准备，不断完善申请材料，争取早日通过审批。

参考文献

[1] 国务院. 社会信用体系建设规划纲要（2014—2020 年）［EB/OL］.（2018-01-03）［2019-02-25］. https://www.creditchina.gov.cn/zhengcefagui/zhengcefagui/zhongyangzhengcefagui1/201801/t20180103_105451.html.

[2] 四川省人民政府. 四川省人民政府办公厅关于印发加强个人诚信体系建设实施方案的通知［EB/OL］.（2018-01-03）［2019-02-25］. https://www.creditchina.gov.cn/home/zhngcefagui/201802/t20180224_109258.html.

[3] 王成端，刁永锋. 实践教学行与思（第五辑）［M］. 成都：四川大学出版社，2018：9-25.

诚信文化的历史传承与当代践行
——基于诚信文化教育基地建设视角

郑姣姣①

摘要：在我国先秦时期，诚信已形成了一定的思想基础，时至今日诚信也一直被大众所谈论与关注。诚信是个人安身立足的前提、国家安稳的基础、社会往来的经商方略。而高等教育在一个人的社会责任感及诚信品质养成中至关重要，其诚信体系的不断完善对社会群体的示范作用更是不可低估。因此，高校加强学生的诚信文化教育显得尤为重要。本文基于财经管理学院诚信文化基地建设视角，对先秦时期儒家文化中流传下来的诚信思想及其现代价值进行论述，试图从中找寻其发展演变的历史轨迹与规律。

关键词：儒家思想；诚信；高校；诚信文化基地

诚信是中华民族的传统美德，是现代文明的重要标志，是为人处世、立足社会之本，也是当代大学生塑造健康人格、实现人生价值的道德基础。一直以来诚信就是人们“修身，齐家，治国，平天下”的根本，是中华民族几千年来形成的道德传统和文明的成果。在中国历史的长河上，各家学派如墨家、道家、法家等都对诚信问题做过了相应的论述，而作为中华文化主流的儒家思想，对诚信问题的阐述最为系统和完整。儒家诚信思想在规范人们的行为、塑造人们的人格等方面都发挥着极为重要的作用，同时，在社会生活的其他领域也发挥着举足轻重的作用②。

当今社会，随着社会主义市场经济的建立和发展，人们的物质文化生活日益丰富，出现了与整个社会发展不相协调的现象，大量社会问题不可避免地影响着人们的道德观和价值观，其中最为突出的表现是诚信的缺失。在高校，大学生在面对各种利益的诱惑时，容易出现诚信问题。而作为培养财经类人才的财经管理学院，应重视财经学子的诚信文化建设。近些年，财经管理学院在学

① 作者简介：郑姣姣，四川文理学院财经管理学院人力资源管理教研室助教，研究方向为经济史。

② 鄯爱红．儒家诚信伦理的现代诠释与整合［J］．中国人民大学学报，2002（5）：26-33.

校“三心四能五复合”的人才培养体系下提出学院要培养“信、济、敏、能”的高素质人才，其中“信”作为大学生教育的核心价值取向，代表着道德、信用、真实、可靠。同时，在实践上，学院应加强与金融企业的合作，建立诚信文化教育基地。在此背景下，我们研究儒家诚信思想，准确把握大学生诚信状况，对当代高校大学生诚信教育具有重要的借鉴意义。

一、儒家诚信思想的起源与发展

（一）远古诚信思想的萌芽时期

诚信，最初是作为一种道德活动而存在的，它是随着原始道德的萌芽产生于原始社会之中的。《尚书·尧典》记载“允恭克让，光被四表，格于上下”，从中可了解到原始社会末期部落首领尧讲究诚信的史实，尧作为部落首领，诚实、恭敬又能够谦让，光辉普照四面八方，也由此得到大家的尊重。《礼记·礼运》中写道：“大道之行也，天下为公，选贤任能，讲信修睦。……是故谋闭而不兴，窃乱贼而不作，故外户而不闭，是谓大同。”即是说如果人们能够在日常生活中做到真诚待人，和睦相处，这就是十分令人羡慕的理想社会了。原始社会中人们的诚信道德，最初是源于对自然界不可知力量的恐惧和对自然界的信仰，随后被延伸到人类的交往中。在当时的社会，由于生产力的低下和生活环境的艰苦，人们只能相互依靠、相互信任地生存下去，那时产生的许多行为都是无意识的、自发的，人与人之间的诚信关系也是这样。可见，这种原始的无意识的诚信行为可以看作是诚信道德的萌芽①。

（二）先秦、秦汉之际诚信思想的基本形成

先秦、秦汉是历史上的大动荡、大变革的时期，也是人们精神文化空前活跃和繁荣的年代，这段时期，思想家不断涌现，出现了百家争鸣的景象，儒家则是“百家”中最为出色的一家。儒家诚信思想的形成也正是在此时期，融合各家所长，成为规范的体系。

1. 孔子“以仁为本”的诚信思想

孔子是我国春秋时期最伟大的思想家和教育家，儒家学派的创始人。儒家经典著作《论语》中就详细记载了他的诚信思想，《论语》中，“信”字出现了 16 次，其中出自孔子之口的有 12 处，出自孔门弟子的有 4 处。“子以四教：文、行、忠、信”。孔子将“信”作为儒家教学的内容之一。可见，孔子非常重视“信”。孔子认为，朋友之间，要“言而有信”。“人而无信，不知其可

---

① 王雨露. 儒家诚信思想与大学生诚信教育［D］. 信阳：信阳师范学院，2013.

也。”在他看来，诚信是人们立身处世的根本，是人际交往的重要准则。他还特别强调“信”在国家治理中的重要作用，因为“民无信不立”。孔子还提出“信”是国与国之间相互交往的道义标准：“道千乘之国，敬事而信。”① 孔子时期的诚信思想还处于萌芽状态之中，它主要通过“信”“忠”“忠信”等表现出来，对后人道德理念的影响也主要体现在伦理方面，如君臣、父子、夫妇、朋友等。孔子诚信思想开了儒家诚信思想的先河，而孟子和荀子的诚信观念则进一步丰富了儒家的诚信思想。

2. 孟子以“性善论”为本的诚信思想

孟子十分注重人的道德修养，他把道德看作是世界的本源、个人安身立命的根本，诚信思想也正是他道德体系的重要组成部分。其一，孟子继承了《论语》中的“仁学”思想，提出了“人性本善”的道德观念，为诚信思想找到了理论根源。它认为人的天性就是善良的，“信”是人的本性，就像纯真的“赤子”情性一样，这是一种“不学而能”的“良能”和“不虑而知”的“良知”。“信”是与生俱来的，是一种不可变更的良知。其二，孟子继承了孔子关于“信”的基本思想，将“朋友有信”上升到“五伦”之一的高度，他把“信”与“仁”“义”“礼”“智”并列在一起，形成“五伦”说，即“父子有亲，君臣有义，夫妇有别，长幼有序，朋友有信”。它是处理人与人关系的基本道德规范，即父子之间应讲骨肉亲情，君臣之间应讲礼义之道，夫妇之间应讲内外之别，老少之间应尊卑有序，朋友之间应恪守诚信。“五伦”说实质上确定了信在调节人际关系中的重要作用，信也因此成为调节人际关系中必不可少的一部分。其三，孟子对“诚”做出道德意义上的规定，提出了“思诚”的命题。“诚者，天之道也，思诚者，人之道也。”这种心性合一、天人合一的“诚”的境界说，为健全人格提供了重要理论依据。

3. 荀子以“隆礼重法”为基础的诚信思想

荀子诚信思想的内容是多方面的，它不仅是对先秦诸子思想的总结，而且是后世思想的开端。其一，他继承了孔子“人而无信，不知其可也”、孟子“思诚者，人之道也”、庄子“真者，精诚之至也”的思想，提出“诚”和“信”是君子道德修养的必备条件。“君子养心莫善于诚，致诚则无他事矣，唯仁之为守，唯义之为行。诚心守仁则形，形则神，神则能化矣；诚心行义则理，理则明，明则能变矣”。他指出在日常生活中真诚的人与小人的根本区别是在于他们说话是否算数，言行是否一致。其二，荀子思想的主要内容是

① 论语·学而［M］//阮元. 十三经注疏. 上海：上海古籍出版社，1997：2457.

"隆礼重法"，荀子的哲学思想主要是为封建统治阶级的政权服务的，荀子认为统治者为了政权的长久、国家的安定，统治者应当以身作则做到诚信，使自己的言行时刻符合诚信的要求，并且能够长久地保持和完善，这才是社会诚信的前提和保证。

4.《中庸》"诚者，物之始终，不诚无物"的诚信思想

《中庸》作为《礼记》中的一篇，是儒家经典的精华。《中庸》中的诚，既是天人合一之道，又是内圣外王之道，是企图以诚字为中心，来表现整个先秦儒家之精义的①。《中庸》认为，"诚"是宇宙的本体，其亘古不变，执着永恒，是"天之道"，是宇宙运动的法则："诚"不仅在于"成已"，而且在"成人""成物"。因此，"思诚者，人之道也"，"诚"又可以作为人道的基本准则。同时，《中庸》认为，圣人天生就是至诚无私的，因而"不勉而中，不思而得"，与宇宙法则融为一体，是人道效法的对象。属于"诚之者"，只有通过后天的努力，"择善而固执之"，才可以达到"至诚"的境界。

《中庸》扩充和丰富了"诚"的思想，形成了以"诚"为中心的采用"天人合一"的道德理想主义方式来描述的较为完善的伦理道德体系。它可以教化人们，提高人们的道德修养，同时对当时的社会发展和进步起到了不可估量的历史作用。

（三）宋元明清儒家诚信思想的完善

中国早期儒家的诚信思想自孔子创立以来，历经孟子、荀子、《中庸》等几个阶段，之后在汉代有所发展，最后在宋元明清时期得到进一步完善。宋元明清时期的思想家最大的特色是在阐述人物关系时强调"万物一体"，注重人与自然的和谐、完美，同时在对"诚"的理解上是从天人合一的角度来论述的，体现的是一种"泛爱万物，天地一体"的博大胸襟，使天地的生生不息与人生的坚强联系起来，形成宇宙间爱和生命的相互统一。在天人关系问题上坚持天道是人道的价值本源的基本理念，本天道以立人道，法天道以立人文，更是对"诚"的内涵的深入阐释。因此，在宋元明清时期，"诚"的本体论和发展观是当时儒家学者心灵的集中展露和时代文化的集中体现，洋溢着鲜明的时代特色和风貌。

二、儒家诚信思想的内涵

我国是文明古国，自有文字记载开始，诚信概念就不曾消失。"诚"与

① 韦政通. 中国思想史［M］. 上海出版社，2003：284.

"信"最初是单独使用的。《说文解字》中说"诚，信也，从言成声""信，诚也，从人言"。诚、信密不可分。"诚"与"信"这两个字是凝聚着中华民族五千年来人文精神的根本，"诚"与"信"的结合形成了中国思想道德体系的基础。

（一）"诚"之意蕴

在《辞源》中查寻，"诚"的词义有很多，如诚实、真诚、忠诚、实情、真情等。其实，"诚"字最早出现在中国典籍《尚书》中，《尚书·太甲下》中有"神无常享，享于克诚"的记载，意为鬼神不保一人，唯能诚敬者则享其祀。这里的"诚"主要指对鬼神的笃信和虔诚，带有浓厚的宗教色彩。《周易·乾》中说："修辞立其诚，所以居业也"，认为君子谈话、立论都应该诚实不欺，真实无妄，才能做出一番事业。《大学》中记载："所谓诚其意者，毋自欺也。如恶恶臭，如好好色。"即所谓意念诚实，就是说自己不要欺骗自己，像遇到恶臭就恶心，遇到美女就追求一样。这时的"诚"已摆脱单纯的宗教色彩，开始向现代道德意义的方向转变。到了孟子那里，"诚"逐步成为人们道德行为的一个重要标准，"诚"是顺应天道与人道的统一。战国末年，荀子继承并发扬孟子"诚"的思想，开始把"诚"从做人之道扩展到治国之道，指出"诚"乃政事之本，是稳固政权的一种手段。随着历史的发展变迁，"诚"不仅是人们应当遵循的道德准则，而且被看成是宇宙的本体，同时被赋予了哲学和道德的双重蕴意。

一是作为哲学本体论范畴，"诚"指真实，符合客观的外在真实意思。《中庸》的核心观念是"诚"。《中庸》曰："诚者，物之始终，不诚无物。"《中庸》指出"诚"是万物发展的开始，是客观规律的反映。"诚者，天之道也"。"诚"是"天道"，是自然界固有的规律，天道本身是讲诚信的。南宋的儒学家朱熹对"诚"的释义是"诚，实也"。"诚者，真实无妄之谓，天理之本然也"①。其中"真实无妄"意为真实、实实在在的、必然的，因此这个"诚"体现出实在性、必然性及规律性，从中可以看出，儒家学说中的"诚"是宇宙的本体，是一种真实无妄的本然之道。《中庸》指出："诚者物之始终也，不诚无物。"故曰："诚者，自成也。"《中庸》中还说："至诚无息。不息则久，久则征，征则悠远，悠远则博厚，博厚则高明。博厚所以载物也；高明所以复物也；悠久所以成物也。"这是古人在长期观察自然现象后得出的结论，它反映出自然现象中显示有"诚"，它是不以人们意识为转移的。

---

① 朱熹. 四书章句集注［M］. 中华书局，1983.

二是作为道德范畴，“诚”指真诚，符合内心情感的真实，是一种真实无妄、真实不欺的道德品质。《大学》中有：“所谓诚其意者，毋自欺也。女恶恶臭，如好好色。此之谓自谦。”这里的“诚”字，便是“毋自欺”，即不要自欺欺人。自欺，即对自己不“诚”，也就是自己欺骗自己，同时要求人们对人要真心实意、实事求是、不欺诈、不虚伪。《中庸》称：“诚者，天之道也；诚之者，人之道也。”《中庸》指出诚实是天地之根本规律，而追求诚信，则是做人的基本准则。这里的“诚”作为一种道德范畴，指的已不再是自然界而是人的本身。孟子曰：“思诚者，人之道也。”人们把“诚”通过教育、学习的方式具体地运用到日常生活中，将天道之诚通过为善、行善、择善的转化过程来实现人之诚。《中庸》曰：“诚者，不勉而中，不思而得，从容中道，圣人也。”① “诚”是圣人必须具备的一种高尚道德品质，它为我们指明了一条使人由凡入圣的路径。南宋的儒学家朱熹指出：“诚是天理之实然，更无纤毫作为，圣人之生，其禀受浑然，气质清明纯粹，全是此理，更不待修为，而自然与天为一。若其馀，则须是博学、审问、谨思、明辨、笃行。如此不已，直待得仁义礼智与忠孝之道，日用本分事无非实理，然后为诚，有一毫见得与天理不相合，便於诚有一毫未至。”② 从中可看出，诚是天的旨意，圣人生来就具备，而凡人则需要通过后天努力才能达到，“诚”是指把人从肉体的欲望中脱离出来，获得符合天道的至高境界，彻底达到道德的目标。

（二）“信”之含义

《说文解字》言：“信，诚也，从人言。”“信”的字形结构是“人”与“言”，因此“人言为信”是人之为人的一个重要原则。信，在字形结构上从人从言，讲的是言语的诚实性，言由心出，表里一致。“信”主要有两方面的含义：一是心里怎么想就怎么说，“信，言合于意也”；二是怎么说就怎么做，“言必行，行必果。使言行之合，犹合符节也，无言而不能行也”，也是言行合一。

“信”最初也是对鬼神的虔信，原本是指人在神灵面前祈祷和盟誓的诚实不欺之意。早在《尚书·汤誓》中便提到“信”字，“尔无不信，朕不食言”中“信”解释为“相信”，即商汤希望人们相信他的话。《诗经·卫风·氓》中“信誓旦旦，不思其反”，此“信”为诚信。《左传》有多处用“信”字，“守命共时之谓信”“弃君之命，不信”“人所以主信知勇也，信不叛君”等，

---

① 朱熹. 四书章句集注［M］. 中华书局，1983：27.

② 黎靖德. 朱子语类［M］. 中华书局，1985：1563.

其意多指用“信”维护等级名分制度、协调人际关系。《论语》中“信”字出现频率较高，如“言必信，行必果”“信近于义，言可复也”“与朋友交，言而有信”等。“信”主要表示人的言行要守信无欺，同时要对他人真诚、信任。孔子重视“信”，将“信”作为其教学的主要内容之一，与“文、行、忠”一同教授。“子以四教：文、行、忠、信”。孔子又把“信”同“恭”“宽”“敏”“惠”并列为“五德”。孟子提出了“五伦”说：“父子有亲，君臣有义，夫妇有别，长幼有序，朋友有信”，即“父父、子子，君君、臣臣，夫夫、妇妇，兄兄、弟弟，朋友贵信”。孟子把“朋友有信”纳入五种基本的社会关系当中，认为“信”是朋友之间交往的基本道德准则，显现了孟子对诚信道德的高度重视。西汉的董仲舒在前人注重“信”的基础上，首次将“信”与仁、义、礼、智列为“五常”。从此，“信”成为中国传统道德的基本行为规范。“信”不仅仅是君臣、父子、上下、贫富之间双方都应遵守的“礼”，而且更是国家与国家之间友好交往的道义标准。

从词义上看，“诚”“信”都含有真实无妄、诚实不欺、言行一致的意思。《说文解字》中对“诚”和“信”的关系也进行了解释，“诚，信也，从言成声”“信，诚也，从人言”。诚与信密不可分，诚是信的依据和根基，信是诚的外在体现。但是，“诚”与“信”仍然有所区别并各有侧重：“诚”主要是指内诚于心，“信”则偏重于外信于人；“诚”主要指内在的德行，“信”则偏重于外在的道义；“诚”主要是对个体的单向要求，“信”则偏重于对群体的双向或多向要求；“诚”主要在于约束自己，“信”则偏重于规范社会秩序。

（三）“诚信”之基本内涵

中国素有“文明古国”“礼仪之邦”之称，这与我国自古以来讲究诚信、礼治是密不可分的。从一定程度上讲，“诚信”作为修身处世的高尚道德境界，是推动我国社会繁荣发展和走向文明的精神动力。而最早将“诚”与“信”连在一起使用的是《逸周书》，最先提出“诚信”这一概念的是春秋战国时期的著名政治家、法家代表——管仲。管仲认为诚信是聚集人心、使天下人团结一致的保证，管仲在《管子·枢言》中指出：“先王贵诚信，诚信者，天下可结也。”

诚信作为儒家道德范畴的基础，它有几种不同的意义：一是诚实无欺，指主体自己内心真实想法的表露，是主体的自我指向。对自己而言，我们要有诚意，不欺骗自己；对他人而言，我们要真心实意不说假话，不欺骗他人。二是相互信任，也就是孔子所说的“忠、恕”，表现在个体行为上，我们要做到“言忠信，行笃敬”；表现在交往上，则要“为人谋”而“忠”，“讲信修睦”。

三是信守承诺，是指自我承诺或是履行对他人的承诺，常指人们在交往中的行为规范和外在行为表现，即“与朋友交，言而有信”。

三、诚信思想的当代践行

诚信是个人安身立足的前提，是国家安稳的基础，是社会交往的经商方略。而高等教育在一个人的社会责任感及诚信品质养成中至关重要，其诚信体系的不断完善对社会群体的示范作用更是不可低估。因此高校应重视学生的诚信文化教育。

一般认为，大学生诚信文化是大学生关于诚信的理论观点、价值信仰、道德规范以及与之相适应的生活态度、行为方式和社会评价的综合，是大学生诚信行为在文化和观念上的体现和反映。大学生诚信文化直接源自社会诚信文化，特别是传统儒家诚信文化对于大学生诚信文化的建立具有重要影响。大学生诚信文化建设是以提高大学生诚信意识、诚信素质和诚信能力为目标的教育实践，是高校校园文化建设的重要内容和组成部分。近些年，财经管理学院在学校“三心四能五复合”的人才培养体系下提出学院要培养“信、济、敏、能”的高素质人才，其中“信”作为大学生教育的核心价值取向，代表着道德、信用、真实、可靠，是人才培养的首要素质。在实践上，学校加强与金融领域的校企合作，建立了诚信文化教育基地。目前，学校已经与中国人民银行达州市中心支行、中国工商银行股份有限公司达州分行共同建立了诚信文化教育基地，并在科学研究、人才培养、金融知识普及、诚信文化教育等方面开展了广泛深入的合作。同时，在学生活动上，学校各学院多次举行以诚信为核心的主题活动，引导全校师生共同参与诚信文化和信用知识教育，着力夯实人才培养基础工程，积极推动培育和践行社会主义核心价值观，在全校形成浓厚氛围。

通过对儒家诚信思想的产生、发展和当代价值的研究，我们可以得出这样的结论：儒家诚信思想源远流长，在中国悠远的历史长河中作为道德伦理规范的主流价值观而存在，对高校大学生诚信教育具有重要意义。高校继承和发扬儒家诚信思想的精华，有利于更好地培育和践行社会主义核心价值观。为了更好地继承和发扬儒家诚信思想的当代价值，我们应当在马克思主义思想的指导下，深入研究儒家诚信思想的深刻内涵，批判地继承其中积极的、符合当代社会发展的精华部分，在继承的基础上与时俱进，促进儒家诚信思想的现代转型，从而更好地加强大学生诚信品质建设，为当代社会服务。

参考文献

[1] 论语·学而 [M] //阮元. 十三经注疏. 上海：上海古籍出版社，1997：2457.

[2] 韦政通. 中国思想史 [M]. 上海：上海出版社，2003：284.

[3] 朱熹：四书章句集注 [M]. 北京：中华书局，1983.

[4] 朱熹：朱子语类 [M]. 北京：中华书局，1998.

[5] 任福战，孙素梅，靖鑫，等. 当代大学生诚信问题的理性分析与教育途径探讨 [J]. 教育探索，2007，(9).

[6] 鄯爱红. 儒家诚信伦理的现代诠释与整合 [J]. 中国人民大学学报，2002 (5)：26-33.

[7] 王雨露. 儒家诚信思想与大学生诚信教育 [D]. 信阳：信阳师范学院，2013.

[8] 韦政通. 中国思想史 [M]. 上海：上海出版社，2003：284.

审计视角下征信业风险规避与诚信建设[①]

苟聪聪[②]

摘要：随着大数据产业的迅速发展与征信行业的融合不断加深，国内征信业务量快速增长。但征信行业辉煌的背后，存在着许多问题：监管套利、信息外漏现象严重，征信行业诚信建设缺失，等等。因此，本文从审计视角切入，探讨征信行业背后的行业风险和隐藏风险，充分发挥审计的监督鉴证与评价的职能，以防范征信业各种风险。

关键词：审计；征信业；风险

一、征信业风险概述

在市场经济条件下，征信业作为一种衍生的专业化信用信息服务行业。不管是办信用卡，还是贷款买房买车，每一项都跟央行的征信有关，越来越多的人查询征信。征信机构作为提供信用信息服务的企业，按一定规则合法采集企业、个人的信用信息，加工整理形成企业、个人的信用报告等征信产品，有偿提供给经济活动中的贷款方、赊销方、招标方、出租方、保险方等有合法需求的信息使用者，为其了解交易对方的信用状况提供便利。征信行业在大数据的环境下，极容易出现信息泄露、监管套利的行业风险。不仅如此，随着征信机构的大量出现，征信业务量的飞速增加，部分征信机构已经不满足于普通的征信产品带来的利润，行业中的灰色产业链使得社会征信机构逐渐偏离征信主业，更加偏好易于攫取暴利的灰色产品，影响了征信业的健康发展。

二、规避征信业风险的措施

面对征信行业的各种行业风险和隐藏风险，征信监管部门即审计部门可从征信机构的内控建设、业务操作、诚信道德建设三方面进行监督检查，审计部

---

① 基金项目：四川文理学院2017年教改项目“转型发展协同育人背景下高校财经类人才培养综合改革实践研究”的阶段性成果，项目编号2017JY40。

② 作者简介：苟聪聪，四川文理学院财经管理学院审计学教研室主任，讲师，研究方向为财务审计。

门应追溯社会征信机构信息泄露和套利行为的源头，关注征信机构内部控制制度建设，检查征信业务流程及操作方式是否合法，促进征信机构的诚信建设，从而防范风险，促进征信行业健康持续发展。

（一）内部控制建设方面

审计部门应着重检查征信管理部门的内控制度是否健全、完善和有效。健全完善的内控制度可以帮助机构内部及时发现自身存在的风险，防止风险进一步加重。监管部门应检查机构内控制度建设是否建立了严密的内控管理体系；各部门职责是否明确，是否实行分级管理；各级领导和职工是否具有建设内控的重要意识；也要注重检查征信业务各项工作制度、岗位职责、业务流程、应急处置预案和授权制约机制等建立健全的情况。除此之外，审计部门应测试内控制度的有效性，检查内控制度的落实情况，主要通过定期、不定期检查，督促各项内控制度的贯彻执行，并在实施中对内控制度加以修正、完善。

（二）相关业务操作方面

审计部门应从具体的业务出发，检查征信工作业务是否合规合法。以个人信用信息产品为例，由于目前个人信用信息数据库已实现全国联网，各征信机构应严格遵守《个人信用信息基础数据库管理暂行办法》，在合法范围内合理收集、整理和加工个人信息，不能过度采集使用个人信息，侵犯个人隐私。由于个人征信需求的不断增加，社会中涌现出许多第三方征信查询 App，这些 App 都号称可以直接连入人民银行的征信系统，且不会泄露隐私。但这些第三方征信查询 App 真的可以“直连央行征信系统”吗？其实它们仅仅是充当了中介的角色，通过抓取技术帮助用户进入央行征信系统进行查询，并在收到征信报告后针对用户需求有重点地在 App 上展示出来，在这个过程中也获取了用户手机的更多隐私权限。市场上这些第三方 App 本身是不能与央行直接连线的，只不过用户用自己的个人信息在 App 上注册以后，App 可以通过技术手段，帮助用户在手机上进入央行征信中心的个人信息服务平台进行查询，而用户在用 App 的时候，个人的位置、电话、身份信息，还有通讯记录等都有可能会被对方读取和记录下来，这就为信息泄露提供了可能。因此，行业监管部门应重点从数据源和数据使用者两端着手，防范个人信息被过度采集过度使用，保护信息主体隐私。因为部分征信机构本身或其内部职工也可能存在买卖或故意泄露个人敏感信息和重要信息等违法行为，所以审计部门应对个人信息业务中泄露或买卖个人信息的行为予以关注，加强对征信机构业务操作的监督。

（三）诚信道德建设方面

各征信机构内部除了建立完善的控制制度以外，也应该进行诚信道德建设。诚信对任何行业来说，都是发展的基础，无论是征信机构自身进行业务操作还是审计部门进行监督时，都应该树立诚信意识。工作人员在业务操作时应秉持诚信观念，不过度使用、泄露和买卖客户信息。在审计部门监督时相关部门应提供真实可靠的信息，以便及时发现风险，规避风险。除此之外，机构内部各部门领导和职员都应该加强诚信道德和职业道德建设，以促进征信业的健康发展。

三、审计视角下的诚信建设

审计部门应运用科学合理的审计手段和方法对征信行业开展监督管理。征信行为是目前市场经济的产物，而要对当前的市场经济进行管理主要是会计审计的工作。征信行业如今面临着各式各样的风险，因此审计单位应合理运用方式方法让征信行业的风险得到有效防范。

征信行业是与以前完全不一样的新产业。在面对新产业时，审计部门应当事先充分了解征信内部控制和风险排查情况，根据风险评估科学制定审计计划，明确审计目标，有效控制审计质量。同时，面对新兴业务，审计部门应充分了解行业性质和行业内容，采取不同的审计方法和手段，精准并有效开展征信业务专项审计。由于征信行业与大数据的发展密不可分，审计部门在对其进行监督检查时，应该结合大数据的特点，合理并且有重点地取证，收集材料时要做到细致、全面、真实。在实际的审计工作中，审计人员要与征信人员多交流沟通，以获取更多的专业知识，审计部门与征信机构部门要密切合作，从而使内部机构做好整改工作，督促内部人员做好诚信建设。

综上所述，审计部门在征信行业中应积极发挥监督作用，帮助征信业更好地规避风险和做好内部诚信建设，从而使行业高速度高质量发展。

参考文献

[1] 薛岚. 信息环境下会计审计诚信问题探讨 [J]. 征信，2017（10）：80-82.

[2] 晏小燕. 审计视角下征信业风险防范初探 [N]. 中国审计报，2018-08-08（6）.

诚信文化教育背景下物流管理专业人才培养的思考[①]

王情香[②]

摘要：本文以诚信文化育人和学校人才培养模式为出发点，分析物流管理专业人才对诚信、专业、创新、责任培养的必要性分析，梳理物流管理专业人才培养的要求，提出多方渗透孵化、培养学生的商品文化素质，加强软件定义物流能力的培养，协同打造诚信物流生态等建议，以期能促进培养“信、济、敏、能”四位一体的高素质应用型物流人才。

关键词：物流管理；人才；诚信；教育

近年来，财经管理学院强化诚信文化育人，其发展的基本思路是：秉承学校“艰难困苦、玉汝于成”的办学精神和“博文大理、厚德笃行”的校训，践行学校“三心四能五复合”的人才培养目标和“四化一体”的人才培养模式，以转型发展为主线，以诚信文化建设为品牌，以学生成才为根本，走质量立院的发展道路。然而，2017 年是中国物流业爆发出巨大的增长潜力的一年，“智慧、诚信、创新、责任”成为 2017 年的主旋律。

一、物流管理专业人才诚信、专业、创新、责任培养的必要性分析

（一）物流行业亟须树立诚信意识

2011—2016 年，中国快递行业持续以 50%左右的增长率高速增长，目前已经成为世界第一快递大国。2017 年是中国物流行业沸沸扬扬的一年，30 多名货车司机被拖欠薪水被解雇，快递变慢递；网点现“倒闭潮”；快递单泄露客户信息。这一系列负面消息让很多围观群众应接不暇，由最初的好奇围观逐步转为失望，作为物流人，我们需要静下心来好好反思物流业的诚信问题。

---

① 基金项目：2016 年四川文理学院校级研究项目“应用型本科院校与属地产业合作对接研究——以物流管理专业为例”，项目编号为 2016GJ001Z。

② 作者简介：王情香，四川文理学院财经管理学院物流管理教研室主任，副教授，研究方向为物流经济。

（二）物流企业战略转型升级的需要

如何进行战略转型和寻求更大的进步空间是不少物流企业亟待解决的问题，代表企业有阿里巴巴的菜鸟物流。阿里巴巴精心布局的天网（系统平台）、地网（各类物质资源）、人网（人力资源），无不向我们发出一个信号，未来的快递行业需要大家搭建共同的配送运力池，开展共同配送，做好“最后一公里”服务，让用户有更好的体验。同时经济共同体成员也能实现降本增效。在这种共享经济形势下，值得深思我们需要的物流人才类型，配送平台的共享化和共享平台人才的培养将会是时代所趋。

（三）物流行业对诚信有关业务的需要

不论是平台上还是网商，都是虚拟现实的网络世界里的商业经营者，人们在享受网购乐趣的同时，更期待各从业者能按照他们事先的承诺从事商业活动，做到“网物一体”，货真价实。诚信的网商成为网民的期待，也是商业健康发展的保证。

因此互联网延伸了很多诚信有关的业务，如物流金融、商业保理、代收货款。在物流大环境下，人们缺乏契约精神，产生了怀疑一切的商业氛围，哪怕是合作几十年的朋友，也存在诚信危机，这也对物流专业人才培养提出了新的挑战。

二、对财经管理学院物流管理专业提出的要求

财经管理学院物流管理专业人才培养绕一个目标，即培养“信、济、敏、能”四位一体的高素质应用型人才，着力塑造“诚信、济世、敏学、尚能”的特色物流文化。

（一）诚信

古人云：“德为才之帅。”德是做人的根本，是每一个人成长的根基。而“德”的范围又非常广泛，在众多的品德之中，笔者认为，“诚”当为首位。诚信在任何行业都很重要，作为服务方的物流业，工作人员每天要运送很多价值不菲的物品，诚信就变得尤为重要！客户将有价值的物品托付给物流人，将即将签订的千万合同交到物流人手中，将转交货主的巨款托付给物流人，在货运单上填写真实身份证信息等等。

（二）济世

济世，即融合校企文化、加强校企合作，服务于地方。物流管理专业建设要注重探索实践，通过校企的紧密合作将诚信文化和职业精神融入教学实践环节，加强实训、实习基地建设，提高学生服务与地方的能力，带动地区经济的

发展。

（三）敏学

物流管理专业人才除了具备诚信品质、能担当社会责任外，还需勤奋好学，把自己培养成行业的高技能人才。物流专业建设应注重提升学生的专业技能和知识水平，建立更具有职业特色和倾向的专业课程文化，努力培养善于思考、善于学习的物流人。

（四）尚能

应用型专业建设必须把能力培养放在人才培养的显著位置，即物流人才还需要有不断自我开发的能力。高校作为大学生培养的炼炉，需要多主体共同搭建多个平台锻炼学生。专业办学方向和人才培养定位需与物流就业市场无缝对接。未来影响物流行业有三个关键点：一是诚信，二是快速，三是“门对门”。物流管理专业在以职业能力为基础的人才培养模式上，在课程设置方面向物流行业的职业需求靠拢，延伸出很多与诚信有关的业务能力的需求。

三、诚信文化背景下物流管理专业人才培养的建议

“十年之前看电商，十年之后看物流”，物流是关乎国民幸福感的一大因素。诚信文化背景下物流管理专业人才培养的具体途径：

（一）多方渗透孵化诚信物流人才，培养学生的商品文化

一方面，学院应充分调动合作企业在行业的应用技术优势资源，在网实一体教学模式下，通过企业导师对合作项目进行全程运营指导，培育诚信物流人应具备的基本技能和素质要求，进而孵化出一批优秀的高素质物流人。

另一方面，培养学生的商品文化。学院应通过环境渗透、培养兴趣，让学生爱上物流新商业文明。商品文化是一种伴随在现代电子商务活动过程中的商品文化、营销文化、商业环境文化、商业伦理文化和新商业文明的总和。营销文化是一种以顾客需求为导向的品牌服务文化；商业环境文化是基于互联网环境的特殊文化，要求买卖双方在竞争环境中讲信誉，不搞欺骗，提供优质服务；新商业文明是一种开放、透明、分享的商业精神。

（二）加强软件定义物流能力的培养——推动物流智慧升级

随着电商行业的发展，当前物流的核心运作已经从大规模扩张向追求效率与效益的高质量方向转变，物流业整体呈现出向智慧化方向发展的新趋势，物流人才也要与之相匹配。物流人才除了具备基础的职业能力外，还需要有软件定义物流的能力。

“软件定义物流”指的是把物流作业设施、设备、货物等物流硬件资源虚

拟化，按照单元化和标准化的思想归类成基础的物流功能模块与基础货物单元，在此基础上通过应用程序软件对虚拟的硬件单元模块进行更开放、灵活、智能的管理与调度，实现对物流系统的智慧管理与控制。在全链路数字化下物流人才应该具有实现库存、仓储、运输、配送等路径的智慧决策和管控的能力。

（三）课程渗透，强化实训，提升物流岗位核心技能

经过企业调研，物流管理专业可逐步构建并完善网实一体、校企一体和订单式培养三种人才培养方案，开展实践、实战训练，完善由职业基础、职业技能、职业拓展和职业训导四模块构成的工学结合课程体系，重点对物流行业进行职业能力分析，对主要岗位群如仓储管理、运输调度、平台管理、物流客服等进行强化技能训练，聘请一批行业企业实战专家参与实训指导。

（四）高校进入物流联盟，创新行业专业标准，打造诚信物流生态

“守信者畅行天下，失信者寸步难行”。在2017年第二届中国物流品牌日上，日日顺物流携手众多生态圈成员成立了大件物流诚信品牌联盟，全面构建诚信生态。高校应以“诚信为本、高品质把关、生态共创”为原则，吸引物流、智能制造、资本方等行业力量参与，打造一个无边界的创新生态圈。为落实诚信行动从源头抓起，共同打造诚信品牌联盟，联盟成员通过对用户“承诺”以及彼此之间的“约定”共同完善诚信服务。

参考文献

[1] 许绍定，曹前贵，王婷婷. 论大学诚信教育的七大误区［J］. 湖北科技学院学报，2014（22）：13-14.

[2] TalkingData移动数据研究中心. 2017物流行业报告［EB/OL］.（2017-06-21）［2019-02-25］. mi. talkingdaea. com/report-detail. html? id=534.

[3] 徐浩. 财经类高职院校校园文化特色及打造［J］. 现代商业，2011（36）：281-282.

深化诚信文化教育，提升财务管理专业人才培养水平[①]

张源[②]

摘要：诚信是财务管理人员的基本职业素质之一，诚信教育是财务管理专业人才培养环节中不可或缺的素质保障。从财务管理专业课堂教学切入通过树立大数据思维，循序渐远融入诚信教育，在诚实守信教育理念下提高财务管理专业教育的工作质量，促进财务管理专业教育能效再上新台阶。

关键词：财务管理教学；诚信文化；诚信教育；人才培养

诚信是立身之本、立业之基。中国现代会计学之父潘序伦先生倡导“信以立志，信以守身，信以处事，信以待人，毋忘立信，当必有成”的财会职业道德规范。近年来，我国在积极进行现代化经济建设的过程中，企业规模不断扩大，企业运行中财务管理工作的重要性凸显出来。高校作为重要的人才培养基地，须从社会经济和企业长期发展的角度出发，有针对性地加大财务管理人才培养力度，重视财务管理人才培养模式中的诚信教育，提升财务管理人才综合素质。

一、财务管理教学中诚信教育的重要性

目前，财务管理专业诚信教育进课堂现状不太乐观，对其也不够重视，学生日常实践过程中的诚信教育有待深入；专业诚信与课程无系统化结合，学生进入职业岗位后，用人单位对其诚信的考核超过了对知识、能力的重视程度，所产生的问题颇多。因此，在财务管理专业教育教学实践中应不断优化教学内容，改进教学方法，加强对学生的诚信教育。

（一）有助于提升财务管理专业学生职业道德素质

“诚信”是社会主义核心价值观的基本要求，也是财务管理行业发展的基

---

① 基金项目：四川文理学院2017年教改项目“转型发展协同育人背景下高校财经类人才培养综合改革实践研究”的阶段性成果，项目编号2017JY40。

② 作者简介：张源，财经管理学院财务管理教研室主任，硕士研究生，研究方向为税务筹划与财务管理。

本准则，更是财务管理从业人员应具备的最基本的职业素养。从企业财务管理的角度来看，部分企业存在财务信息失真和财务管理质量低下等问题，对市场经济环境稳定性造成了威胁，同时这也违背了我国依法治国的方略。因此高校将诚信教育同财务管理教学进行融合，能够有效提升财务管理专业学生的职业道德素质。

（二）有助于提升财务管理专业学生财务管理水平

高校是财务管理人才培养的重要基地，学生毕业进入企业，成为企业内部财务管理工作人员，其是否具有较强的诚信意识，对企业健康发展、高效运行等都有直接影响。然而，提升企业财务管理人员诚信意识，我们应从高校教育阶段开始，在教学中通过理论、实践和案例分析等多种方式，使学生意识到诚信的重要性，确保学生在走向工作岗位时，不仅具备较强的专业技能，同时能够应用自身的诚信意识高质量完成财务管理工作，为企业的长期健康发展保驾护航。

（三）有助于提升企业核心竞争力

企业的运行通常采用经营权和所有权分离的方式，而企业在经营中是否能够创造更多的经济效益，同内部管理水平具有紧密联系，财务管理就是关键影响因素之一。我们将诚信教育融入高校财务管理教学中，有助于学生提高企业财务管理工作能力。高素质的学生能够制定更加合理的内部管理机制，有力保护投资人利益，最终为提升企业的综合竞争力奠定良好基础。

二、财务管理教学中实施诚信教育的途径

诚实守信是现代文明社会的标志。财务管理专业学生的诚信水平将直接关系到未来从业道德水准的高低。高校财务管理专业的学生不仅要拥有丰富的财务管理专业知识，更需具有优良的诚信品质。因此，高校须将诚信教育摆在财务管理专业教育首位。

（一）优化课程设置，树立大数据的财务管理思维

“互联网+”时代改变了传统财务管理金字塔结构，打破了线性垂直管理模式，财务管理模式趋向于信息化和知识化。企业财务管理组织结构围绕着数据收集、平台服务以及高层决策展开。面对大数据信息化技术，财务从业者必须具备智能、高效的财务思维和实事求是的诚信原则以及采集、处理、分析海量财务数据的能力，便于将真实、有价值的数据信息提供给企业。

“信，济，敏，能”是财经管理学院对财务管理专业学生的基本职能要求。在财务管理专业教学中，学院努力提升学生的诚信意识，将财务管理相关

专业知识同道德教育进行融合，尊重学生的个性化差异，对学生进行有针对性的指导，提升诚信教育质量。同时学院努力提高学生学习积极性，促使学生在不知不觉中对财务管理专业知识以及诚信的重要性等产生深刻认知。学院将法制教育同财务管理教学紧密融合，运用诚信文化基地进行诚信、法律教育，提升学生诚信意识、法律意识，促使学生在长期学习过程中逐渐形成较强的诚信和法律意识。

（二）理论与实训结合，提升学生诚信修养

诚信教育是社会的一种无形资产，更是一种道德投资。学院从财务管理课堂教学切入，通过树立大数据财务思维、分解教学内容、调研分析财务典型案例等环节，循序渐进地在教学中融入诚信教育，以达到提高课堂教学质量、增强办学特色、培养学生诚信品质、培养一流优质学生的目标。教学中，学院不仅应将教学重点放在提升学生的专业技能和理论知识方面，还高度重视诚信教育。实训教学中，学院利用财务管理专业人才培养方案中“虚拟实训”“财务决策”等实训课程将企业财务管理工作模式引入实训课堂，学生充当不同的企业角色和体验不同的工作岗位，教师引导学生灵活面对诚信与市场经济环境之间的冲突，并坚持自身的职业道德。在这一过程中，教师对学生基础知识和专业技能进行有效检验，引导学生切实体会企业真实的财务管理工作环境，并将诚信教育贯穿教学始终。

（三）校企合作，实现专业诚信与课程系统化

学院“立足地方、突出应用、着眼发展”，紧密结合地方经济社会发展对财务管理人才的需求，着力培养学科知识扎实、专业技能熟练、综合素质全面的高级应用型财务管理专业人才。财务管理是一门理论与实践紧密结合的学科，从目前情况来看，教学方法方面，财务管理专业基本以教师为主体开展教学活动，而我们的财会教师实践知识比较欠缺，显得说服力不够。学院通过校企合作聘请企业财务管理人员定期在诚信教育基地进行实际案例教学，引导学生积极主动地进行诚信知识学习。学生通过独立思考和资料收集，能够对专业知识产生更加深刻的记忆和理解。同时学院也能够对学生的诚实守信品格进行培养，提升学生综合素质。这种全新的诚信教育模式，以实际案例为切入点，更加具有说服力和趣味性，有助于提升学生的学习兴趣，并帮助学生树立正确的职业道德观念。

（四）构建诚信校园环境，引导学生诚信生活

面对复杂的经济发展环境，高校在积极展开财务管理教学时，应在提升学生专业知识水平的基础上，深入落实诚信教育，提升财务管理人才的法律意识

和内在道德修养。这不仅是顺应新课程改革发展的要求，同时也有助于人才的全面培养，对我国社会经济的长期健康发展具有推动作用。

高校在财务管理教学中展开诚信教育时，营建良好的诚信环境是关键。教学中，学院通过开展诚信演讲比赛、诚信签名活动和诚信专题讲座等活动形式，激发学生们的学习热情，学生会积极参与活动，会从整体上形成一个良好的诚信学习环境。学生在长期学习中，会不断受到感染和熏陶，最终会形成良好的诚信品格。同时，高校财务管理教学还必须注重从学生的生活入手，从多角度出发展开诚信教育，有效提升诚信教育水平。

应用型财务管理人才的培养是一个以市场为导向的动态优化过程。财务管理专业学生不仅要学习相应专业基础课程、核心课程和实践课程以提升专业实践应用能力，还需培养诚信职业道德。财会人员的职业道德是开展财务工作的基本前提，诚信更是职业道德的保障。财会人员诚信的缺失势必增加财会信息失真的风险，会给企业、国家带来损失。面对复杂的经济发展环境，高校应以课堂教学为重点，以实践教学为辅助，强化财务管理专业学生诚信道德意识，这是新形势下的一项政治任务又是一项战略决策。

校银合作共建“现代征信学”教学团队研究①

——以四川文理学院财经管理学院为例

胡丹② 傅忠贤

摘要：建设一支高素质的优秀教学团队是高校教学工作正常开展的根本保证，同时也对提高人才培养质量，深化高校教育改革，促进学校转型发展具有至关重要的意义。校银合作共建“现代征信学”教学团队不仅与国家教育导向相吻合，同时也是开展社会信用体系建设和大学生诚信教育的重要手段，更是强力推进我校向应用型高校转型发展，培养经济管理类高素质应用型人才的有力举措。本文通过分析四川文理学院财经管理学院校银合作共建“现代征信学”教学团队的现状，探讨了校银共建“现代征信学”教学团队面临的问题并提出对策。

关键词：校银合作；共建；征信；教学团队；对策

一、校银共建“现代征信学”教学团队的必要性

（一）校银共建“现代征信学”教学团队有效促进社会信用体系建设和大学生诚信文化教育

2013—2014年《征信业管理条例》的实施和《社会信用体系建设规划纲要（2014—2020年）》的发布，标志着中国征信业进入到一个新的发展阶段，征信机构和征信从业人员不断增加，征信产品和服务不断创新，社会各界对征信从业培训、专业教育、理论研究的需求也在不断增长[1]。

《社会信用体系建设规划纲要（2014—2020年）》中指出要“推进教育等重点领域信用建设”，加强大学生诚信教育，培养诚实守信良好习惯，为提

---

① 基金项目：四川文理学院2018质量工程项目——优质课程——企业课程“现代征信学”阶段性成果，编号为川文理〔2017〕71号，序2号。

② 作者简介：胡丹，四川文理学院财经管理学院助教，硕士研究生，研究方向为企业管理。

高全民族诚信素质奠定基础。

诚信教育是我国建设社会信用体系、构建社会主义和谐社会的需要[2]。大学生是未来社会的接班人，是社会主义的建设者，更是诚信文化的践行者。但是，在当今大学生中仍存在着较为严重的失信现象，如考试作弊、恶意拖欠学费和助学贷款、抄袭作业和论文、简历和证书造假、随意撕毁就业合约等，这成为高校思想政治教育工作面临的一大难题[3]。作为思想政治教育的前沿阵地，高校在提高大学生的诚信意识以及有效地对大学生进行诚信教育方面责无旁贷。

对于财经管理类本科专业，其人才培养方案都是以现代商业思想作为基础，在现代商业思想中，诚信是其灵魂与基石，良好的信用是现代社会商业活动有序开展的前提和基础[4]。因此，诚信教育和诚信行为是财经管理类大学生专业教育教学过程中最为重要的基础，也是财经管理类大学生专业能力培养最为核心的内容。

校银共建“现代征信学”教学团队进行征信教育是诚信教育的有效手段。团队通过课堂教育及校银协同合作，引导学生理解吸收诚信教育相关内容，合理地把课堂所学和实际情况相结合，在实践中逐步提高自身诚信素质。校银合作的方式为培养业务素质高、综合能力强、信用信誉好的人才提供了可能性，更创造了现实条件。

（二）校银共建“现代征信学”教学团队是学校转型发展的迫切需要

目前，我国经济发展正在从依赖资源劳动力向依赖创新人才转型，经济社会发展迫切需要高校培养大量高素质创新型人才，教学团队是培养高素质人才的关键。党的十八大报告明确提出了“推动高等教育内涵式发展，努力办好人民满意的教育”。《国家中长期教育改革和发展规划纲要》对经济转型历史背景下高等教育人才培养工作进行了具体战略部署，即“不断优化高等教育结构，优化学科专业、类型、层次结构，促进多学科交叉和融合。重点扩大应用型、复合型、技能型人才培养规模”。从以上文件可以看出，深化高等教育人才培养模式改革，稳步提高人才培养质量，扩大应用型、复合型、技能型人才培养规模等已成为当前高校教育的难点与关键。

四川文理学院作为川东唯一一所全日制本科类院校，为了适应教育综合改革和向应用型高校转型发展的新形势，进一步明晰了办学思路与人才培养模式，正竭力全面提升学校办学实力和服务地方能力，全面深度融入区域经济社会发展大局，全力支持学科建设和专业发展。其中，财经管理学院作为四川文理学院二级学院，始终坚持学校的办学思路和办学定位，对照社会对人才需求的现状及发展趋势，贯彻执行校银合作，共建“现代征信学”教学团队，促进学校向应用型高校转型发展，实现高素质应用型人才培养，从而更好地为社会和经济可持续发展服务。

（三）校银共建“现代征信学”教学团队是信用管理人才培养的重要抓手

信用管理人才匮乏，不能满足信用体系建设的需求已成为国际性问题，我国尤为突出[5]。随着信用管理体系建设的不断推进，我国对信用管理理论水平和人才业务素质的要求越来越高。在经济全球化背景下，我国的信用体系建设也应具有全球化视角，应着力向高素质化、国际化发展。

近年来，党和政府高度重视新兴学科的建设。《社会信用体系建设规划纲要（2014—2020年）》中指出要“加快信用管理专业人才的培养”“加强信用管理学科专业建设。把信用管理列为国际经济体制改革与社会治理发展急需的新兴、重点学科，支持有条件的高校设置信用管理专业或开设相关课程，在研究生培养中开设信用管理研究方向。开展信用理论、信用管理、信用技术、信用标准、信用政策等方面的研究”。

在面对人才紧缺的现实状况下，国家政策的倾斜无疑是对信用管理人才培养的一种强有力支持。而人才的培养不能仅凭理论，还需要丰富的实战经验。我们通过校银合作共建“现代征信学”教学团队，既可做到学校与银行信息、资源共享，又能实现优势互补、节约教育成本，还能增强学生实践能力和提高学生的就业竞争力。校银合作可以使银行与高校优势互补、互利共赢，其中校银合作共建教学团队是双方各自发挥优势的有效结合点和突破口。

（四）校银共建“现代征信学”教学团队是银行经营发展的有力推手

《社会信用体系建设规划纲要（2014—2020年）》中指出诚信文化教育及信用人才培养要依靠社会、企业、行业、学校协作完成。作为行业、企业代表的银行与高校共建“现代征信学”教学团队，不仅为社会信用体系建设贡献力量，还可以有效增加银行的社会效益。

同时，银行的良性发展与壮大不仅需要一流的管理，也需要强有力的竞争力，而竞争力的来源就在于拥有一支高素质的人才队伍。因此，银行竞争力的提升以及创新绩效的改进都需要银行注重人才的引进与培养，坚持以人才作为发展的根本。校银合作共建教学团队方面，银行可以通过“量身定做”的形式，协调学校联合培养自己需要的专门人才，提升人才培养质量，进而提升经济效益。

二、学院现有的团队建设的实践成效

近年，四川文理学院财经管理学院全方位、多层次地开展大学生诚信教育，学院基于学校顶层设计“三步走”战略规划、“1234”总体部署、“十三五”发展规划，结合经济管理类专业应用型人才培养的要求，在大学生诚信教育方面进行了积极的探索，采取了学校与银行合作、学校与银行监管机构合作、学校与企业合作等创新方式，校银共建“现代征信学”教学团队，开设“现代征信学”专业基础选修课，把大学生诚信教育融入专业课程教学和专业能力培养，提高了对学生进行诚信教育的针对性和实效性，取得了显著的效果。

（一）“诚信”被纳入特色财经文化（诚信、济世、敏学、尚能）的核心内涵，被列为“信、济、敏、能”四位一体的人才培养目标的构成要素

诚信文化教育基地建设已逐步成为财经管理学院文化建设的品牌活动。迄今，学院已成功举办2届全校性诚信文化演讲大赛，“诚信文化专题教育”纳入新生入学教育内容，诚信签名活动、征文比赛、手抄报比赛等形式多样的活动不断推动诚信教育的发展。在丰富多彩的诚信教育活动中，每年一届的工行杯“抱诚守真，以信为本”演讲比赛和以诚信为主题的迎新晚会已成为学院乃至学校的两大品牌学生活动，在校内外有着较高的美誉度和知名度，受到了《达州日报》、达州电视台、达州新闻网等主流媒体的关注报道。

（二）诚信教与研全面铺开，广大师生信用意识不断增强

1. 校银合作向联合组建课程团队、联合开展课题研究、联合开设校本课程等多侧面延伸

在新的人才培养方案中，学院已经开设“现代征信学”公共选修课，而对于财经类专业，“现代征信学”则是专业必修课。“现代征信学”作为新发展的课程，教学团队的水平直接影响着教学效果，为了体现学中用，用中有学的特点，教学团队特别聘请2名银行员工兼职教师。教研相长，优秀的研究能够不断促进教学的进步。我校已组建联合课题研究团队1个，在2016年11月开展的达州市金融学会首届青年金融论坛上，该团队共选送学术论文4篇，1篇荣获三等奖。2017年，学校有7项课题在达州市金融学会立项，按期结题5项，其中获三等奖1项、优秀奖1项。

2. 培育应用型本科专业，拓展合作办学、协同育人的发展空间

双方（三方）已经商定继续构建合作办学协同育人的长效机制，推动达州市金融系统成为财经管理学院毕业生重要的就业渠道，共同推动申报“信

用管理本科专业”举办人力资源和社会保障部认可的“信用管理师”职业任职资格培训。目前，“信用管理本科专业”已列入学校2018年本科专业培育规划，正在着手调研、论证等工作。

3. 校银合作构建起实习实训基地平台，拓展了财经类人才就业渠道

达州市金融系统已成为财经管理学院财经类人才重要的集中见习、实习、实训的重要基地，也是学校财经管理学院毕业生重要的就业途径。中国工商银行达州中心支行、中国农业银行达州分行等金融机构已明确表示创造条件拓展文理学院财经类人才就业渠道，并已取得实质性进展。截至目前，财经管理学院三年内已择优分三批次共计50余名大二、大三财经类专业同学于寒暑假到达州市工商银行城区各网点进行实习，10名2018届毕业生获得工商银行四川分行专项考试免网申特权，2018届毕业生王伟同学已成功考入中国人民银行达州市中心支行，杨双同学与中国工商银行达州分行签约，不少同学也借此平台进入达州各大银行，逐渐发展为领军人才。

（三）诚信活动丰富多彩，校银合作的社会影响逐步扩大

1. 开展“诚信”主题教育，筑牢诚信理念

财经管理学院分年级、分专业召开诚信主题班会，开展诚信学习、诚信考试的教育以及诚信签名活动；对于毕业生，财经管理学院则以“诚信还贷”“诚信签名”为主题培养学生的诚信意识。

2. 开展诚信文化系列活动，提升诚信文化基地建设成效

财经管理学院先后举办了诚信手抄报比赛、诚信征文活动、工行杯诚信演讲全校性大赛、诚信火炬传递，在每年迎新晚会中植入“诚信”主题，2018年“诚信财经、砥砺前行”迎新晚会成为加强与各实践教学基地联系沟通的桥梁和纽带。财经管理学院建立校银合作性质的“现代征信学”教学团队，开设“现代征信学”必修课，拟以校银合作方式申报信用管理本科专业，不断向达州市金融系统及其相关领域输送更多的优秀毕业生。

3. 培养诚信文化教育志愿者队伍，开展志愿者活动

2016年6月、2017年5月财经管理学院举办的诚信文化演讲大赛先后被《达州日报》、达州网等新闻媒体报道，获奖选手全部被中国人民银行达州市中心支行聘为“诚信文化教育志愿者”，志愿者通过参加金融系统举办的系列诚信文化教育活动，走基层、到农村、赴学校、进工厂，彰显了诚信文化教育志愿者的青春风采。

三、校银共建“现代征信学”教学团队存在的问题

随着校银合作的发展，其重要性逐渐凸显出来，也引起了全社会的广泛关

注和重视。目前，四川文理学院财经管理学院“现代征信学”教学团队建设是四川文理学院校银合作的重要方面，当前虽然取得了一定效果，但受校银合作制度不完善等因素的制约，仍存在一些问题。

（一）缺乏有效的运行保障机制

体制机制建设是确保合作良性发展的重要制度保障，校银共建是一项系统性的复杂工程，涉及的主体与领域是多方面的[6]。随着工作的不断推进，校银合作共建教学团队采取了一些行之有效的措施，取得了一定的成效，但由于缺乏健全的运行保障机制，在具体实施过程中，教学团队在聘任、管理、分配、激励、考核和教学任务安排等方面仍然存在问题。问题具体表现为：着重短期或眼前目标，缺乏依据专业现状、优势和特点制订教学团队建设系统的中长期规划；缺乏团队考核监督措施，团队建设主体不清晰、各方的责任和义务不明确；缺乏激励制度，理念制度机制难形成，影响团队协同效应和凝聚力。

（二）缺乏高效的“双师型”教师队伍力量

建设一支理论水平高、实践能力强、综合素质好的教师队伍对校银共建教学团队至关重要。在国家相关政策指导和学院的努力下，目前教师的素质和教学水平已有明显提高，教师队伍的结构正在逐步优化，但仍然与转型发展需求有较大差距，教师队伍本身在师资结构和技能结构等方面还不够合理。目前课程教学团队的成员主要为本学院的教师，尽管包含2名银行从业人员的兼职教师，1名双师型教师，但教师结构仍显单一，教学团队“双师型”教师队伍力量薄弱。虽然学院每年都新招聘一些教师，但无论是硕士研究生还是博士研究生，虽然他们的理论知识完备，但是实践能力和经验相对不足，在理论教学过程中理论知识功底强，但在实践教学环节心有余而力不足。另外，银行兼职教师队伍没有发挥应有作用。银行兼职教师的理论知识和教学水平相对不足，教学方式主要以专题讲座为主，在教授过程中没有达到预期效果。另外，学校运行机制、银行运行机制存在差异，教学设计、教学进度、教学内容、教学资源、人才培养等方面未能和学校深度融合，这无疑会影响团队结构的优化和质量能力的提升，也不利于人才培养质量的提升[7]。

（三）缺乏深度的协同合作能力

共建合作本身就是一个复杂的事情，关于人才培养方面的合作就难上加难。现有的校银合作中，深层次的“双方自愿，风险共担、优势互补、利益共享”合作较少。尽管我院校银共建“现代征信学”教学团队形成了自身的特色，但不健全的运行机制在很大程度上制约着合作的深入开展。问题主要表现在：一是校银合作的模式单一，目前仍停留在合作共建“实训基地”、共开

“相关课程”等方面。二是学校的运行机制与银行的运行机制存在较大差异，未能真正融合，学校与银行之间没有实现深度合作。从学院的合作实践来看，更多的还是“意向性”的合作，缺乏深层的合作交流[8]。

四、校银共建“现代征信学”教学团队对策及建议

（一）强化制度，建立长效运行管理机制

为保证“现代征信学”教学团队教学工作的稳定有序，校银双方共同参与制定有效的管理制度并执行是非常必要的。只有在良好的运作管理机制下，“现代征信学”教学团队的多方力量才能充分配合、相辅相成，团队成员才能极大地发挥各自优势，激发和增强校银合作的内在动力，构建一种长久的、稳固的合作关系[9]，推动校银合作共建“现代征信学”教学团队工作的顺利开展。

1. 制定团队建设系统规划

制定团队建设系统规划关系着团队建设发展走向和质量效果。学院应在团队建设规划中明确提出教学团队建设目标，做好年度计划。结合各专业团队特色，团队成员共同讨论协商制定团队目标，明确团队结构、“双师”质量、服务能力、校银合作、中高衔接等目标，创新团队组织形式，加强团队内部制度机制建设，规划好团队中银行带头人、专业负责人、骨干教师、青年教师的培养措施，构建学习研究合作型团队，通过系统规划使团队成员明确方向，主动作为，凝心聚力、协同创新，引领团队健康发展。

2. 建立权责约束机制

权责约束机制是确保校银合作顺利开展的保障，在一定程度上规定着校银双方应承担的责任和享有的权利。在校银合作中权责约束机制是在校银合作过程中确保合作健康良性开展下去的基本保障，确保校银合作有章可循、有制可依。校银双方应签订合作双方协议，为校银合作主体间权利与责任的划分提出更为明确的规范。在合作实施过程中，校银双方应根据实际发展情况不断完善协议内容，对双方应履行的义务和承担的责任进行更为明确的划分。同时，我们应加大对校银合作过程的监督指导，确保校银合作从形成到发展全过程的良性运作。

3. 建立监督激励机制

一方面，由于利益平衡机制尚未建立起来，银行缺乏利益驱动，多数情况下是学院方主动寻求校银合作。为提高银行参与校银合作的积极性，学院应积极申请学校激励政策扶持，支持、引导更多的银行参与校银合作，创建教学团

队。另一方面，在监督评价体系建设方面，学院应建立动态性的评价监督机制，既注重结果性的评价，也注重过程性、反馈性的评价。同时，银行作为参与主体，也应参与高校人才培养的监督评价，对应用型人才的培养质量进行监督反馈。对于监督评价体系中反映出来的问题，校银双方应利用奖励激励机制，增强针对性与有效性，建立教学科研考核和银行实践考核并举、教师职称评聘和技术职称评聘并重、年度考核和绩效考核同步、个体考核和团队集体考核结合的考核评价体系，发挥考核的评价、激励和督导功能[7]。

4. 加大资金投入保障机制

教学团队建设的目的是培养应用型人才，应用型人才培养的本质特征就是“应用”和“实践”，这就需要充足的资金、设备、场地支持作保障。“现代征信学”教学团队经过近两年的努力建设，取得了显著的阶段性成果，要为创建省级甚至国家级师范诚信文化教育基地提供有效支撑并实现新的突破，扩大影响力，这均需要经费的强力支持。因此，学院应当积极争取各方资金支持。

（二）夯实基础，重点建设“双师型”教师队伍

师资队伍建设是提升教学团队综合实力的重要因素，更是开展校银合作双方实现银行与高校良性互动的有力保障。在加强校银教师队伍理论建设的同时，我们还要不断丰富教师实践经验与实践操作能力的培养，因此建设一支理论水平与实践能力均衡发展的“双师型”教师队伍尤为重要。

1. 注重“双师型”教师的引进

人才引进工作是高校弥补师资力量短缺、调整师资队伍结构、提升师资队伍整体水平的重要途径。地方本科院校要想提升应用型人才培养质量就要十分注重对优秀人才的引进，尤其是对实践型、技能型教师的引进。学院应借鉴其他高校教师队伍建设的成功做法，扩大兼职教师的比例，从银行引入一批实践经验丰富、操作能力过硬的技能型教师作为兼职教师，承担部分实践教学任务，实行专兼结合的教师队伍结构，与高校教授、讲师共同合作完成教学任务，弥补高校教师实践能力的不足。在校银合作育人过程中，高校和银行还应建立“银行导师”与“学校导师”双向发展的师资队伍模式，“银行导师”可以进行实践教学，作为师生定期开展讲座。

2. 加强“双师型”教师队伍的培养

高校在积极引进优秀人才的同时，更要加强对原有师资力量的继续教育培训力度，尤其是要注重培养其“双师”素质能力。校银双方需本着团队发展的观念来组织建设团队，注重分析每位团队成员的特点，发挥各自长处，克服不足，同时注重制定每位成员发展目标，提供能力培养的方案，通过培训、项

目实践来强化双师素质。一方面，学校老师通过学历提升、技能提升、课题研究、银行实践、银行调研，提高实战经验和社会服务能力。另一方面，学院还可以充分利用已有的合作平台与基地，基于相关的科研项目课题，与银行人员共同开展科学研究，通过具体科研项目的研究不断充实自己的理论水平和实践能力。

对于银行兼职教师缺乏执教能力问题，团队可通过“一对一”导师制培养，定期组织公开课、教研活动，让兼职教师在授课、评课、人才培养方案建设、专业建设过程中逐步树立育人理念，掌握教学设计与实施方法，提高兼职教师“师性”，促进“双师型”教学团队整体素质提高，增加团队成员的归属感，增强团队成员集体责任感，营造“互信互助、精诚合作”的团队文化氛围，发挥团队合作能动性[10]。

（三）深化合作，提高团队服务水平

1. 加强交流沟通，培育互助团队精神

一个团队需要一个共同的目标来引导行动，这个目标是团队成员共同的期望，也是每位成员为之持续努力的动力。校银共建教学团队也不例外，我们需将团队目标具体化、明确化，这样才能促进团队目标一步步实现。

银行与学院通过搭建沟通交流平台，在达到信息通畅，充分发挥每位团员特长的同时，相互用心聆听、分享经验，建立“理解信任、互帮互助”的有效沟通机制，形成“团队利益高于一切，个人价值通过团队利益不断提升”的团队价值观，逐渐沉淀出“正确的目标导向、明晰的责任分工、顺畅的交流沟通、忘我的工作精神”[7]。

2. 丰富教学形式，加深银企合作厚度

高校应与银行展开紧密合作，要充分考虑双方主体间的差异，将银行标准与学校标准相统一，共同制定培养方案，学校的理论课程应与银行的实践培训相对应，理论课程应围绕人才要求，实践培训应落实理论学习，形成教学、实践、培训一体化的发展模式，借助校银合作共建实验室、实践基地等，为学生提供实践教学场所，丰富教学形式，促进人才培养。

除开展通识课程教学和实践教学形式外，学校可发挥教育培训基地教育功能，进一步扩大基地影响力和覆盖面，组织开展诚信主题班会、诚信迎新晚会、诚信手抄报比赛、诚信征文活动、诚信演讲大赛、诚信火炬传递、诚信漫画、诚信论坛、诚信图片展览等活动，丰富教学形式，增强教学效果。

3. 扩展开课范围，提升团队服务能力

学校将“现代征信学”这门课程作为全校通识课程向包括理工科在内的

所有专业的学生开设，不仅扩展了“现代征信学”开课范围，拓宽非财经管理学院学生的选择面，还在全校范围内开展诚信教育，将诚信教育融入其他各专业学生的日常教学之中。学校通过对不同专业的学生开展“现代征信学”教学，有专业针对性地进行课程设计、开展教学工作、总结实践教学经验，从而进一步提高教学团队的服务能力。

参考文献

[1] 中国人民银行征信管理局. 现代征信学 [M]. 北京：中国金融出版社，2015.

[2] 王鹏. 当代大学生的现代诚信观教育研究 [D]. 武汉：湖北大学，2016.

[3] 刘子成. 当代大学生诚信缺失问题及对策研究 [D]. 太原：中北大学，2018.

[4] 唐明琴，林江鹏. 信用管理 [M]. 北京：高等教育出版社，2014.

[5] 任亚伟. 新常态下社会信用体系建设的瓶颈——信用管理人才的匮乏 [J]. 现代经济信息，2016 (3)：136-136.

[6] 潘琦华，褚天霞. 校企“互聘共培”教学团队建设的保障体系构建 [J]. 济南职业学院学报，2004 (1)：6-8.

[7] 罗星海. 高职院校专兼结合教学团队建设的问题及对策 [J]. 黄冈职业技术学院学报，2016 (4)：32-35.

[8] 郭爱平. 内蒙古自治区中等职业学校校企合作现状问题及对策研究 [D]. 呼和浩特：内蒙古师范大学，2011.

[9] 陈于晴. 对外聘教师管理的若干思考 [J]. 福建师范大学福清分校学报，2003 (62)：38-41.

[10] 朱爱梅，邱小龙，陆静. 基于“校企双路径”高职院校“双师型”教学团队建设研究 [J]. 湖北函授大学学报，2017 (4)：9-11.

翻转课堂在“现代征信学”课程中的应用研究[1]

程子彪[2]　傅忠贤

摘要：在掌握翻转课堂教学模式起源、含义、特点的基础上，本文分析了“现代征信学”课程的教学现状，提出要从增强课程与翻转课堂教学模式的时代性、翻转课前教学设计、翻转教师备课、翻转课堂授课、翻转课后管理等方面将翻转课堂教学模式应用到“现代征信学”课程中。

关键词：翻转课堂；课程；应用

引言

《社会信用体系建设规划纲要（2014—2020年）》中指出，社会信用体系是社会主义市场经济体制和社会治理体制的重要组成部分。它以法律、法规、标准和契约为依据，以健全覆盖社会成员的信用记录和信用基础设施网络为基础，以信用信息合规应用和信用服务体系为支撑，以树立诚信文化理念、弘扬诚信传统美德为内在要求，以守信激励和失信约束为奖惩机制，目的是提高全社会的诚信意识和信用水平。财经管理学院开设“现代征信学”课程，提高了学生征信认识，培养了学生征信意识，是对《社会信用体系建设规划纲要（2014—2020年）》的落地落实。但“现代征信学”课程具有较浓的行业背景，专业性、理论性强，学生对课程的兴趣不大，在知识接受上有难度。

2012年学者将翻转课堂概念引入到中国，翻转课堂教学模式在中国大智移云技术兴起的沃土上吸取营养不断发展壮大，在教育供给侧改革雨露的滋润下开花结果。大学生有较强的自学、表达、创新能力，具备适应翻转课堂教学的条

---

① 基金项目：四川文理学院教育教学研究与改革项目资助（项目编号：2017JZ16），四川文理学院教育教学研究与改革项目资助（项目编号：2017JY40），四川文理学院教育教学研究与改革项目资助（项目编号：2017JY41），新建院校改革与发展研究中心2016年度项目资助（项目编号：XJXY2016C01）。

② 作者简介：程子彪（1982—），男，四川自贡人，副教授，研究方向为旅游管理、旅游经济。

件，高等院校教学中应用翻转课堂教学模式具有很好的可行性。财经管理学院如能将翻转课堂应用到“现代征信学”课程中，可有效化解课程授课中面临的难点。

一、翻转课堂教学模式介绍

（一）翻转课堂起源

翻转课堂的萌芽源于1896年美国教育家约翰·杜威在担任自己创立的实验中学校长时，他反对传统的灌输和机械训练的教育方法，主张从实践中学习，形成“从做中学”教学论。1991年哈佛大学埃里克·马祖尔的同伴教学法促进了翻转课堂的发展。2004年萨尔曼·可汗成功通过信息技术远程解决表妹纳迪亚遇到的数学难题，众亲朋好友得知后纷纷向萨尔曼·可汗寻求帮助，分身乏术的萨尔曼·可汗尝试制作教育教学短视频并分享到YouTube网站上，以解决众友人的求助，这为翻转课堂提供了思路。2007年美国林地高中的乔纳森·伯尔曼和亚伦·萨姆斯在学校制作短视频，将视频融入课堂教学中，成为真正意义上的第一次翻转课堂。2009年萨尔曼·可汗发现教育教学短视频的商机，成立了可汗学院，同年可汗学院被授予“微软技术奖”中的教育奖，成为媒体追逐的对象，在媒体追逐的光环下翻转课堂得到了极大的发展与推广。

（二）翻转课堂含义与特征的探讨

国内学者对翻转课堂含义与特征基本形成了较为统一的认识，认为翻转课堂的核心在于知识传授与知识内化阶段发生时角色、时间、地点的翻转。学界对于翻转课堂特征的文字描述有很多，但核心思想大同小异，认为翻转课堂中存在师生角色转变、课堂时间重新分配、互动性增强等特征。

二、“现代征信学”教学现状

（一）学生学习意识不强

“现代征信学”并非专业课程，部分同学认为“现代征信学”课程的学习不能增强其专业素养，是一门可有可无的课程。总体而言，同学们学习“现代征信学”课程的兴趣相对于专业课程来说偏低。

（二）征信文化理论修养不足

财经管理类的学生对征信文化知识没有深入的了解，未形成征信理论知识体系，在课程授课中不能较快地吸收消化征信理论知识。

（三）教师课堂授课模式和课堂组织方式比较单一

教师课堂讲授、学生随堂听讲是“现代征信学”课程的主要教学模式和组织方式，学生学习的兴趣不高；采用常规的知识点、概念理论讲解方法，不太注重案例分析，课程过度理论化，较枯燥；课程采用大班授课，不易实行因材施教。

四、翻转课堂在“现代征信学”课程中的应用策略

（一）植根于时代土壤中，加强翻转课堂、“现代征信学”课程与时代深度融合

社会、时代是翻转课堂发展的土壤，是养料、营养的来源。翻转课堂的研究必须扎根于社会、时代的土壤之中，方能迸发勃勃生机。以习近平同志为核心的党中央正引领中国进入新发展、新时代，中国已进入大智移云时代，经济发展进入了新常态，五大发展理念正引领中国整体转型发展，翻转课堂、“现代征信学”课程与时代深度融合迫在眉睫。首先，我们要理清时代给予翻转课堂、“现代征信学”课程带来的机遇与挑战。其次，我们要用好用足时代的技术、资源，持续推进翻转课堂的创新发展，并运用到“现代征信学”课程中。

（二）翻转课前教学设计，培养自学能力

教师应在课前准备好课前教学资料和录制好有关课堂教学的教学视频，设定好课前学习任务和目标；教师应督促学生观看教学资料和教学视频，完成学习任务，达成学习目标。教师可把教学任务交由学习委员，组织学生分组、分工，督促学生自主查找资料，制作课件，在课上完成课件讲解，进行答疑和有效互动，最后由老师进行点评。这样可帮助同学们梳理思路、提高兴趣、树立信心。

（三）翻转教师备课，进行全面备课

翻转教师备课要改掉教师备课只备知识、备讲解的情况，教师要充分地组织学生进行课前学习，要充分考虑如何在授课中帮助同学们提升知识获取能力、查阅资料的能力、团队合作的能力、总结归纳分析的能力、解决问题的能力。

（四）翻转课堂授课，形成良好的课堂教学互动氛围

教师应充分利用多媒体教学，引入慕课、微课，通过微信群、QQ 群展开讨论，提升同学们对课程的兴趣。在授课中教师还应充分坚持“四圆同心”思路，坚持“学生主体、教师主导”，在课堂中充分赋予学生“主体”的权利，邀请同学回答指定问题，设立讨论问题，引导同学们进行讨论，形成良好的课堂互动氛围，确保同学们在课堂上能听、能说、积极讨论，引导同学们自

主学习征信知识。

（五）翻转课后管理，延续课堂教学效果

课后教师其实已不太能影响同学们的学习，如果说有，教师的人格魅力是课后影响同学学习的最主要的因素。因此，教师可以在课后借助即时聊天工具，与同学们做即时聊天工具上的好友，掌握同学们情绪的波动情况，与同学们做真正的朋友，用人格魅力去影响课后学习，延续课堂教学效果。

结语

随着教育信息化的不断发展，翻转课堂教学模式是适应地方本科高校转型发展和教学改革的必然途径。教师转变意识和角色、更新教学理念、打破教学壁垒是翻转课堂的关键。笔者相信，随着各高校教育教学改革的深入推进，翻转课堂教学模式将会得到重视和进一步发展。但是，在学生综合素养提升、教师翻转课堂能力提高、翻转课堂中翻转程度的把握、翻转技术应用等方面，我们还应继续加强研究。

“统计学”课程教学中学生数字经济诚信的培养研究[①]

刘小艺[②] 傅忠贤

摘要：伴随着网络信息技术的迅猛发展和广泛应用，数字经济时代对我国高校大学生诚信行为提出了更高的要求，也对统计学的教学提出了更多的建议，本文针对传统“统计学”教学过程中存在的问题（如诚信意识重视度低、教学内容与数字经济脱节、学生动手能力差、教师知识更新速度慢），结合大数据、数字经济时代的特征，从“立信、重信、维信、传信”等方面提出统计课程教学行动改革的思考与建议。

关键词：统计学；实践教学；数字经济诚信

2018年8月13日，“第六届国际数字经济诚信论坛暨SFIS超级文件新闻发布会”在深圳市华侨城举行，该次大会紧紧围绕“数字经济，点亮未来”为主题[1]，随着互联网技术、大数据、云计算、移动端App的发展，数据无所不在，无所不能。一个人通过个人身份证号码编号成为唯一的公民，他（她）几乎所有生产生活领域都会被数据记录下来。网上购物、邮递快件、网上购车票机票、手机通话（微信、微博、上网聊天）、旅游住宿等个人的信息都会被一一记录下来[2]，总之一句话，人们都处在大数据的监控之下。这些海量的数据成为诚信体系建设重要的“资源”。对个人而言，数据已成为个人升学、招聘、升职、社保等评价标准的“人品指标”。

但大数据的生命在于运用，在于共享，在于产生经济价值，即数字经济。数字经济发展重塑经济社会运行模式，对传统治理方式构成了巨大挑战，如何提高数字化治理水平、数字经济诚信行为，为数字经济营造良好发展环境已成为经济发展中的重要议题。党的十九大以来，党中央高度重视数字经济诚信问题，习近平总书记在2018年全国网络安全和信息化工作会议上指出要提高网

① 基金项目：四川文理学院社科项目“高等教育对地方经济发展的贡献作用分析——四川省为例（2014R009Y）”。

② 作者简介：刘小艺，四川文理学院财经管理学院，副教授，研究方向为人力资源管理。

络综合治理能力[3]，形成党委领导、政府管理、企业履责、社会监督、网民自律等多主体参与，经济、法律、技术等多种手段相结合的综合治网格局。而作为在课堂上传授知识的高校教师，如何紧跟国家政策方针，把数字经济诚信议题引入课堂，引入与数字最紧密联系的“统计学”课程教学中，如何培养学生的数字经济诚信思维模式，值得我们深入探讨研究，这是有很强的现实性、前瞻性、针对性和可操作性的重要选题。

一、数字经济的含义

（一）数字经济的定义

何为数字经济，目前尚未有权威定义，但学者一致认为数字经济指一个经济系统，在这个系统中，数字技术被广泛使用并由此带来了整个经济环境和经济活动的根本变化，数字经济也是一个信息和商务活动都数字化的全新的社会政治和经济系统，企业、消费者和政府之间通过网络进行的交易迅速增长[4]。数字经济主要研究生产、分销和销售都依赖数字技术的商品和服务。其商业模式本身运转良好，因为它创建了一个企业和消费者双赢的环境。

数字经济受三大定律支配。第一个定律是梅特卡夫法则：网络的价值等于其节点数的平方，网络上联网的计算机越多，每台电脑的价值就越大，“增值”以指数关系不断变大；第二个定律是摩尔定律：计算机硅芯片的处理能力每18个月就翻一番，而价格以减半数下降；第三个定律是达维多定律：进入市场的第一代产品能够自动获得50%的市场份额，因此任何企业在本产业中必须第一个淘汰自己的产品。实际上达维多定律体现的是网络经济中的马太效应。我们合理运用数字，会产生巨大的经济价值，但如若不重视数字诚信，会给个人、企业、社会造成巨大的经济损失。

（二）数字经济与诚信的关系

2017年12月4日世界互联网大会全球数字经济峰会上，阿里巴巴集团CEO张勇表示，很长时间以来人们把互联网和实体经济区分开来讨论，但他认为，数字经济、互联网经济也是实体经济，数字经济就是用互联网的思维、互联网的技术和实体经济充分融合，创造出化学反应，这时我们看到整个数字经济为我们带来的一个巨大的发展前景。数字经济的发展对打造诚信社会、诚信经济有巨大的推动作用。例如，支付宝平台芝麻信用分高于一定分值的用户在使用共享单车时可以免押金，就是因为用户的数据累积成了信用，而这一信用在社会经济活动中发生了广泛影响，产生了良性互动的闭环。运满满副总裁兼研究院院长徐强认为，机遇与挑战并存，数字经济的发展面临两大问题：一是诚信，分享经济主要基于陌生人的交易，而互联网平台型企业在诚信建设方面有先天优势，应承担自己的社会责任。二是安全，平台型企业有先天的强连接属性，但这很可能导致网络信息安全问题高发。徐强认为，在政府、行业协会、企业多方共治的努力下，国家的数字经济会得到很好的发展。数字经济的核心是每个商业行为都留下了数据的痕迹，并且这个数据的痕迹在一个更大的范围内被使用、被推动，整个中国的诚信经济的建设因数字经济的发展会大踏步地向前走。

（三）数字经济诚信与“统计学”课程的联系

统计是国家实行科学决策和现代管理的一项重要基础工作，数字经济的发展依靠统计数据的准确性、可靠性。没有准确性的统计会给社会、政府、企业的决策带来很多危害。但在现实统计工作中，某些基层企业统计调查的随机性是统计诚信失去社会信任的根源，也是大众数字经济诚信意识培养的一大障碍[5]。社会上有这种说法：“会计差一分，忙到大天亮；统计差一万，照样打麻将。”用它说明人们对统计诚信的质疑是恰如其分的。当代大学生处于互联网大潮中，享受了数字经济发展带来的红利，同时有些人也因为自己的贪欲，在互联网上留下了无法磨灭的不诚信记录，如助学贷款的违约、不良的信用贷款等。大学生是未来国家生存发展的主力军，更应具备诚实守信的优良品质，他们的诚信状况将直接影响整个社会诚信环境的构建。因此我们在“统计学”课堂中要求学生尊重真实数据，培养数字经济诚信意识，不能因为自己的需要随意捏造数据，统计上有句名言“图并不会说谎，是说谎者在画图”，我们应该根据数据呈现的真实情况去分析问题、解决问题，而不能为了回避问题而随意更改数据。

二、传统“统计学”课堂中数字经济诚信的缺失

数字经济时代的来临将统计学的重要性提高到前所未有的高度，作为一门应用性较强的学科，它是财经管理类专业必不可少的课程，财务、审计、物流、人力资源管理的相关工作离不开统计，经济越发展，统计工作就越重要。但如果我们忽视该课程诚信意识的传达与培养，会让学生觉得这是一门枯燥、无用、难以理解、纯数字、没有灵魂的课程，因此任课教师在教学中除了教统计学的基本原理和方法，最重要的是，教会学生甄别、收集有用的真实数据，不篡改捏造数据，学会运用统计软件处理这些数据，根据处理后的结果分析解决实际问题，因此，数字经济时代给“统计学”教学既带来了机遇与挑战，也提出了更高的要求。

（一）诚信意识重视度低

在传统的教学模式下，“统计学”是做描述性统计分析，如绘制直方图、饼图、雷达图等；还会做推断性统计，如假设检验、参数估计、回归分析、时间序列预测等。传统教学偏重于理论教学的延续、补充、拓展和深化，诚信教育的重要性难以体现，统计学作为管理类专业公共基础课程，在教学中主要以传授理论知识为主。“重理论知识，轻诚信教育”，学生“重被动接受，轻主动思考”的思维定式难以改变，“课堂沉闷、学生被动学习、应付考试”等现象较普遍，这就不可避免地导致学生在一定程度上只重视理论的学习，不注重数字诚信的培养。

（二）教学内容与数字经济脱节

现在大部分高校使用的统计学教材内容主要关注统计学原理、概念和公式的推理以及在给定精确度下对总体进行推断和分析，但在数字经济时代，我们应关注信息本身，如文字、地理方位、消费习惯、沟通方式等，任何事物都可以量化，一切现象都可用数据表格来诠释。在大数据背景下，世界是由各种信息和数据构成的，全部数据都可以作为研究对象，每个人的行为都可以通过数据来描述，数据会真实反映出诚信或作假的行为。现在数据是海量的、复杂的，简单软件已无法处理分析，传统统计学只研究部分数据、样本数据，使用的软件仅仅是 Excel 或 SPSS，显然教学内容和方法都与大数据、数字经济严重脱节。

（三）学生动手能力差

一般二级学院的“统计学”教学基本上是先在教室上理论课，然后教师在上课时用电脑演示部分案例习题，但有很大部分学生上课时没认真听讲，也没看老师如何操作，下课后更不会去看书思考，也不会积极主动完成老师布置的作业，因此学生真正理解的内容不多，动手能力极差，应用更谈不上，理论与实践严重脱节。很多学生不会运用统计学的思维和方法去看待和解决实际问题，在进行调查时，不知选用何种调查方法获取资料，更不知从何处获取资料数据，即使有数据，在上机时也不清楚该用什么方法处理这些数据，更不用说教师在上课传达数字诚信、统计诚信等问题，学生的理论和实践均存在问题，教学效果大打折扣。

（四）教师知识更新速度慢

目前“统计学”课程的教学完全由任课教师自行安排，讲授的内容零星、分散，教师也很少去参加统计软件的学习和培训，对统计业务流程缺乏系统和深入的训练，加之近几年大数据、数字经济、智能云等新概念的出现，新知识如雨后春笋般涌现，一时半会儿也难以学懂，导致教师教学内容陈旧。随着市场经济的发展，企业间竞争日益激烈，企业对统计工作的要求也发生了变化，统计工作对于企业管理者和企业统计信息使用者来说，其决策、支持等管理方面的职能越来越重要。如果教师所掌握的知识陈旧，即使学生在学校中很好地完成了统计课程的理论学习，其实际能力还远远不能满足企业对人才的需求，更不用谈满足数字经济时代的要求，因此，更新教师知识是当务之急。

三、打造数字经济下“统计学”课堂大学生诚信意识培养的思考

“统计学”课堂既要教学生统计理论、运算方法、软件使用，更要立足大学生统计诚信意识的培养，从“立信、重信、维信、传信”出发打造统计诚信的名片，培养学生诚信做人做事的习惯。

（一）灌输“立信”的教学理念

立信，就是说话算数，用统计术语来说，就是统计数据要准确，让人相信。“立身存笃信”，诚实信用是一切德行的基础，是最根本的道德规范和品质。在“统计学”课堂中，教师应要求大学生在对数据进行定性或定量处理时，要对数据的真实性，数据的正态性、数据信度和效度进行检验分析。例如，在做调查问卷时，学生要透过信度与效度的检验，了解问卷本身质量，从而做出正确判断。教师要借助教学让大学生养成习惯，无论做什么事情都要讲诚信，不弄虚作假，小到做数据分析，大到为人处世。高校应加强学生的“立信”教育，要求他们在人际交往和个人修养品质上实事求是，杜绝不诚信行为。加强代表着社会未来发展方向的高校学生“立信”教育，对于净化社会环境，逐步打造一个健康、和谐、稳定的社会至关重要[6]。

（二）树立“重信”的教学榜样

高校应积极开展课堂内外“重信”榜样的选拔活动，特别是开展利用网络平台展示身边“重信”典型的活动，从深度和广度上加深先进典型的宣传力度，发挥“重信”典型的引领和示范作用，引导和激励广大学生树立“重信为本”的思想。高校应鼓励学生收集高校学生学习、贫困救助申请、奖惩、就业等海量诚信数据，以此为基础，进行数据分析和挖掘，将个人诚信数据与学生评优、晋升、就业等数据结合起来分析，让学生感知他们的学业、前途与诚信数据的相关性，然后有针对性地开展学生诚信教育，从而改善教学效果。

此外，如果学生要掌握“重信”榜样的数据分析，还要注重优秀统计教材的选择，如中国人民大学出版社 2017 年出版的贾俊平的《统计学》教材就很不错。该书对 SPSS 和 R 两种软件都有详细的介绍，对于少数不能用 SPSS

实现的结果给出了 R 的输出结果，完全避免了统计方法的数学推导，并把繁杂的计算交给统计软件来完成，给学生腾出更多精力去理解统计思想和方法的应用。学生学完后会发现统计学并不那么难学，而且比想象的有趣实用，只有选择这些优秀的、注重数据实操的教材，学生才能灵活运用这些软件分析数据，才能对“重信”的榜样进行更加深入细致的分析了解。

（三）养成“维信”的行为习惯

信用的形成需要一个积累的过程，需要通过不断积累树立良好的信用形象，统计信用的建立需要广大的统计工作者共同辛勤努力，每一个教师、每一个学生都应为维护统计诚信尽力。而在传统的统计课堂上，主要是老师进行讲解分析和操作，学生很少自己动手去验证、去质疑老师的观点。如果教师要在统计课堂上培养学生“维信”的行为习惯，就需要学生从各个方面参与到教学中来，让学生感受触摸教学的每个环节，在课堂现场、上机实验、校内校外调研等方面体会理论、数据、结果的形成过程，具体做法如下：

1. 课堂现场演示教学

对某些没有实践教学安排的统计学课程，因条件有限，教师可以根据实践需要进行现场演示。在相关数据的处理分析上，Excel 软件就是一个较好的选择，易学易用、便于掌握，并在 Windows 操作系统中极为普遍，因此该软件具备演示的条件和推广价值。在教学内容上，教师可以依据 Excel 的函数和数据分析功能，结合统计学原理的基本理论和方法，整合教学内容。教师可以通过这种方式激发学生学习统计知识的兴趣，提高学生的实际动手能力，提升学生分析、解释数据信息的能力，培养学生利用网络收集原始数据、真实数据、次级数据的能力和处理大量数据的能力。

2. 上机实验

对于有上机安排的实践教学，教师一定要先布置实践教学的内容和习题，让学生在上机前先思考，待上机时以便集中精力学习软件的应用和处理，这才不会造成上机时无所适从，不知道干什么。在上机之前教师可以把一些常用的数据处理、统计分析和预测软件介绍给学生，如统计分析软件（SPSS、R、SAS）、数据处理软件 Excel 和其他有关预测软件等。学生上机时教师要维持好课堂纪律，很多学生认为上机就是来上网和同学聊天的，因此教师一定要给他们布置任务，这样他们在一定压力下才能集中精力完成任务。上机时教师还可以安排学得较好的同学指导其他学生，尤其是在上课学生人数较多时，优秀学生的帮助能保证大部分学生掌握软件的操作。

3. 校内、校外统计调研

在进行校内外统计调研时，首先，教师要组织学生做一些和自身相关的校内调研，如以学习成绩、体育锻炼、课外活动、学习时间、消费状况等为调查内容，随机抽取部分学生的资料，进行样本资料计算。估计和精度分析，使学生了解和掌握统计调查、统计汇总整理、统计分析的基本方法，从而提高学生的实际操作能力、沟通能力；其次，教师要鼓励学生利用假期或课余时间做一些校外的调研，让学生直接参与到某些企事业单位的统计工作中，调查这些单位有哪些统计类问题，并将这些问题分类，让学生形成研究小组，分组去解决某一类问题；再次，教师应鼓励学生参与教师的研究项目，处理真实的案例和真实的数据，让他们经历建立模型、分析模型、解决问题的过程，锻炼他们准确解释结果的能力，这些完整的统计分析过程会大大提高学生全方位的实践水平；最后，教师鼓励学生参加各种建模比赛和创业大赛，这些有益的比赛会提升他们对统计知识的应用能力，培养他们数字经济诚信习惯的养成。

（四）提高“传信”的教师素质

提高“传信”的统计教师队伍的业务素质，更新统计知识是关键。统计教师队伍的授课内容大多数是统计理论的讲解和计算技能的操作，尽管很多教师在教学与科研方面屡有建树，但在数据的清洗、降维、处理、可视化、云计算等有关对大数据、数字经济方面了解得比较少[7]，这样就无法满足大学生们对新知识的渴望。因此，我们应培养一批在数据处理方面有所专长的教师团队，提高人才培养质量。同时，我们应培养熟练的网络技术人员和经营管理型的人才，强化教师队伍诚信意识和创新能力的培养，保持他们对新事物、新方法的敏锐嗅觉，提高统计数据质量的水平和信用水平，这是大势所趋。

有人曾说过：数据对当今的企业而言，是一种重要的战略资产，它就像新时代的石油一样，极具开发价值。数字经济时代，统计诚信是建立信用国家、信用政府的一个组成部分，我们必须把诚信作为培养大学生的一个标准，落实在“统计学”课程的教学中，落实在他们的生活中。有了诚信的意识和理念，大学生才能做出有用的统计数据产品。统计诚信也是一个职业道德标准，我们要创造一个维护诚信的环境和氛围，让每个大学生都树立诚信意识和诚信自觉性，诚信才会落实到每一个最基本的环节上。统计学教学中，教师只有将统计学的理论、方法与数字经济诚信意识结合起来，才能使统计学获得强大的生命力，才是管理类专业应用型人才的培养目的。这需要统计教学一线的同仁不断开拓与创新，也需要大学生积极主动配合，绘制数字经济时代的教学新蓝图。

参考文献

[1] 李昌战，黄学民. 国际数字经济诚信论坛暨 SFIS 超级文件新闻发布会在深圳举行 [EB/OL]. (2018－08－17) http://cy.comnews.cn/scdt/20180817/7950.html.

[2] 吕宁丰. 如何运用大数据推动诚信体系建设? [N] 南京日报，2017-05-04 (04).

[3] 央视评论员. 大力提高网络综合治理能力 [EB/OL]. (2018-04-22) http://news.china.com.cn/2018-04/22/content_50945353.htm.

[4] 左晓栋. "数字经济倡议"是 G20 杭州峰会具有开创意义的重大成果 [EB/OL]. (2016－10－08) http://www.xinhuanet.com/tech/2016－10/08/c_1119672819.htm.

[5] 赵榕. 统计诚信从基础统计抓起 [J]. 中国经济问题，2005：70-73.

[6] 史蕊. 大数据时代高校学生诚信现状研究及对策探讨 [J]. 科教导刊，2018 (17)：183-185.

[7] 康元宝. 大数据时代统计学教学行动变革的思考 [J]. 高教学刊，2018 (20)：126-127.

大学教育教学中塑造学生诚信品格研究

彭志琼①

摘要：如何在大学教育教学中实现知识的传授与学生诚信品格的塑造，是一个值得我们深究的问题。本文从大学入校教育、校园文化、专业教育、日常教育、离校教育五个方面分析了学校在教育教学中如何对当代大学生进行诚信品格的塑造。

关键词：大学教育教学；传授知识；诚信品格塑造

深思教育的真谛，什么才是最完整和完美的教育？怎样的教育体制下才能培养出真正的人才？这值得我们当代每一位教师去探讨和反思。大学之所以为“大”，是因为大学培养的学生应该是真正的人才，而不是一般的工匠技师。健康和谐的人格是大学生勤奋学习、快乐生活、完善自我和开拓创新的保证。大学肩负着文化传承创新的神圣使命，弘扬与践行诚信是高校义不容辞的责任。在整个社会的诚信遭遇重重危机的现实背景下，培养具有诚信品格的高素质人才对于我国市场经济发展有着特殊重要的意义。那么，大学教育教学中应如何塑造学生的诚信品格呢？

一、入校教育：树立诚信理念

情感认同、思想认同是文化认同的前提，入校教育是引导师生将诚信内化为道德信仰的第一课。立信在入校教育中重点抓好三个载体：一是组织师生观看校史纪录片、参观校史馆，了解老一辈立信人诚信为先、艰苦奋斗的事迹。二是在教师岗前培训中强化职业道德教育，包括教师法学习、教师职业道德规范等内容。三是对学生进行“大学生与诚信”专题讲座、诚信校训讲解等教育；同时，学校通过开展诚信主题班会、诚信宣言、诚信签名等特色教育活动，深化学生对诚信精神的理解。

---

① 作者简介：彭志琼，四川崇州人，民建会员，助理研究员，汉语言文学专业毕业，现任财经管理学院行政秘书。

二、校园文化：营造诚信氛围

校园文化具有熏陶人、感染人、教育人的功能。学校要多层面、多角度、多渠道把诚信精神融入人文景观建设、日常文化活动、文化品牌活动等校园文化建设的每一个环节，营造优良的诚信文化氛围。财经管理学院自 2016 年以来，开展了“工行杯”“抱诚守真·以信为本”演讲比赛系列活动、“诚信财经，携手前行”系列迎新晚会活动、“诚信财经，携手并进”为主题的素质拓展系列活动、“学以载道，诚信为本”主题班会系列活动、“诚信考试教育”主题班会系列活动、与中国人民银行达州市中心支行和中国工商银行达州分行开展的诚信文化基地建设系列活动、与中国人民银行达州市中心支行携手开展的征信文化宣传活动、青年志愿者协会组织的“幸福平安中国梦，防范诈骗全民行”“营造清新环境，共建美丽文理”等系列志愿服务社区活动等系列校园文化活动，引导学生深刻认识诚信在学习生活中的重要意义，“抱诚守真·以信为本”已成为每届大学生辩论赛、演讲大赛的主题。

三、专业教育：提高诚信素质

专业教育是培养学生诚信职业道德素养的重要环节。学校应把诚信融合到教师的教学科研与学生的专业学习中。

（一）课堂教学是诚信品格灌输的主渠道

学校应当重视学科教学对学生品格塑造的重要作用，充分发挥学科教学的特征，以培育既有主动精神、独立意识和创造能力，又具备良好心理素质、道德情操、意志品质和人格结构的真正高素质人才。根据社会适应的观点，健康品格的形成和发展靠个体与环境的交互作用来实现。学生品格的形成和发展受家庭氛围、学校教育、社会文化和制度环境等一系列因素的共同影响。教师的教学不仅可以使学生获得知识和经验，培养学生的心智和技能，更可以塑造健康品格。教学是健康品格灌输的主要渠道，学习是健康品格发展的主要方式。有关的学习理论认为，个体行为模式的形成有赖于外在刺激因素的强化作用，也有赖于个体对他人的社会观察。强化作用促使个体建立某种先行的自发性行为与特定刺激反馈之间的牢固联系，从而形成对某种环境的行为反应模式。课堂教学可以使学生进行观察和模仿，获得适宜的行为模式，获得知识、技能和习惯。而这些知识、技能和习惯又会不断改变学生对自身的看法，提升对环境的控制信念和自我效能感，从而使品格的自主性获得充分发展。因此，专业课堂教学不仅是传授文化知识的场所，更是塑造学生健康品格的熔炉。教师不仅是知识的传播者，更是学生良好品格的塑造者。

（二）课堂教学是诚信品格塑造的切入口

“德才兼备”是高校人才培养的目标之一，品德包括思想品质，由“知、情、意、信、行”几部分组成。而课堂教学又在大学培养中发挥着举足轻重的作用，大到国家的发展，小到企业的生存、集体的利益，每个人都能在其中发挥建设性的或破坏性的作用，关键是他们能受到什么样的教育。一般认为，大学生基本发育成熟，感情丰富但情绪不够稳定，思维敏捷但常带偏激和主观倾向，这说明大学生在品格形成方面还不太成熟，易于受到环境和教育的影响。当代大学生的主体是“90后”独生子女，绝大部分学生自幼在父母庇佑下成长，衣食无忧。在学习和生活中，大学生缺点表现为独立性较差，欠缺自律学习、自我管理的能力，没有明确的职业规划和人生目标，对父母高度依赖。他们没有坚定的自主态度，也无法从理性角度进行自我分析、自我预期、自我判定，部分大学生存在严重的品格缺失。近年来，大学校园暴力事件和漠视生命的现象持续增多，马加爵案件、复旦大学宿舍投毒案件等使得我们不得不反思如何在进行专业教育时塑造学生完美与健全的品格，而课堂教学正是大学生健全品格塑造的切入口。市场经济建设要求将人格教育纳入道德教育的内容，我们既要提倡我国优秀文化传统中的同情、友谊、责任和勇气等人格行为，又应该加强诚信、独立、创新、敬业和自律等现代人格行为的培育，这是大学生安身立命、待人处世、适应经济全球化挑战的重要方面，也是大学生服务社会，造福社会的重要保证。

（三）课堂教学是解决诚信品格问题的便利途径

伴随着市场经济的发展和国家经济体制改革的创新和深化，社会对于各类人才的需求大幅增长。目前我国高校学生创新精神和实践能力薄弱，所培养人才具备的知识、能力、素质结构并不足以满足社会对于应用型人才的需求和人才培养质量的需要。如何利用课堂教学，既在传授知识的同时又弥补人才培养的缺失，成为刻不容缓的首要任务。目前，各类人才素质标准主要是指具有良好的职业素养、优良的社会责任感，拥有自觉维护国家和社会公共利益的主观意识，具有诚实守信、求真务实的职业道德、敬业精神，最重要的是具备良好的人文素养以及健全的人格，积极为国家经济建设和社会发展提供服务。其人格素养及衍生出的工作素养将对经济稳定运行起到决定性作用，因此，最便捷的途径即在课堂教学中融入各种素养和人文因素教育，培养各类人才的健全品格。

四、日常教育：规范诚信行为

诚信的种子要真正在师生心中生根发芽，需要日积月累。学校在日常教育中要做到“两个结合”：一是把诚信与师德建设相结合。教师的修养影响着学生品格的形成。在师德风范和教风建设中，教师要讲诚信，言教和身教一致；学校要制定相关制度规范，在学生评教指标和各类评奖评优中增加诚信师德分值比重；学校要抓好师德师风论坛等建设载体，开展师德标兵、我心目中的好老师等评选活动，树立诚信先进典型。二是把诚信与学生思想品德考核相结合。学校应构建以学生思想品德考核和诚信记录为抓手的诚信教育评价体系。学校可以出台《学生德育测评办法》，将学生诚信状况作为思想品德考核的一项重要内容；同时，学校应大力倡导踏实为学、诚信考试的良好风尚。

五、离校教育：输出诚信人才

离校教育是学生大学四年诚信教育的深化。学校应本着对毕业生负责、对社会负责的态度，结合就业指导工作，广泛深入地开展以诚信为主题的系列教育活动。例如，举办“诚信就业系列讲座”，邀请成功校友返校做诚信事迹报告，提倡诚信履历，举行隆重的毕业生“诚信宣誓”活动。学校应以客观、公正、真实的自我推荐和严肃、认真的签约态度为重点，强化学生的诚信教育，规范学生们的择业行为。学校应引导毕业生在择业、就业中树立爱岗敬业、诚实守信、奉献社会的职业道德观，作明礼诚信的人。同时，学校要对国家助学贷款学生进行信用教育，强化国家助学贷款毕业生的信用意识；学校可以定期组织贷款大学生学习金融、信用知识，并邀请银行从业人员前来辅导，让学生了解国家助学贷款有关政策规定以及借、还款的要求、流程；学校可以组织毕业生与银行签订还款确认书，明确还款的时间、金额；学校可以采用跟踪反馈方式进行监督，跟踪反馈是在学校和社会之间实现良性互动、形成诚信教育合力的有效途径；学校可建立“毕业生跟踪机制”，开展走访用人单位、毕业生就业状况调研等活动，详细了解本校毕业生在社会上的诚信状况，根据社会反馈的信息，进一步完善诚信教育体系，充实诚信教育内容；高校也要高度关注极少部分走入社会后有失信行为的毕业生，利用反面示例的警示作用把诚信教育引向深入。

杜甫的《春夜喜雨》言：“随风潜入夜，润物细无声。”其实，学生诚信品格的塑造正如同这春夜里的一场场喜雨，在无声无息中，便滋养了学生的心田，造就了学生们健康和谐的品格特质。品格塑造是我国当前高等教育不可或缺的重要环节，也是促使我国从高等教育大国向高等教育强国转变的关键。我们只有通过多方共同的努力，深化教师在课堂教学中的观念和意识，才能在高校教育教学过程中实现知识传授与学生诚信品格塑造的共融，从而使健全和积极的品格真正贯穿到学生的整个职业生涯之中。

诚信文化融入大学生思想政治教育的有效路径探究

——基于四川文理学院诚信文化教育基地的实践①

魏晓军②

摘要：诚信作为人类社会最基本的行为准则和道德标准，势必列入大学生思想政治教育的核心范畴。文化是教育的源泉，那么诚信教育也必然要回到对诚信文化的认知与认同，大学生思想政治教育也就必须以诚信文化的建立为基础。四川文理学院诚信文化教育基地的实践表明，实现诚信文化与大学生思想政治教育的有效融合路径为：实现对诚信文化的继承与创造性转化；加快大学生思想政治教育课程体系建设，助推教学方法和手段的与时俱进；助推大学生对诚信文化内化与外化的双向促进。

关键词：诚信文化；思想政治教育；转化

伴随着科学技术的突飞猛进以及全球化步伐的加快，人类思想的交织碰撞变得更加的纷繁复杂，一些消极、负面的思想文化难以避免地传播开来。大学生作为最具创造力和生命力的群体，最易受到各种思想文化的影响，在此多元思想文化的影响下，大学生思想政治教育更加重要。大学生的思想政治教育是一个内容丰富的系统性工程，而诚信作为人类社会最基本的行为准则和道德标准，成为思想政治教育的必然要义。诚信教育离不开诚信文化这一根基，因此大学生诚信品质的养成就包括诚信文化的培养，我们应将诚信文化教育融入大学生思想政治教育。有效融入是一个系统化的教育工程，涉及方方面面的问题，我们需要从不同角度、层面同时发展。

“十三五”规划以来，四川文理学院确立了“学生主体、教师主导、环境

---

① 基金项目：四川省教育厅基金项目“当代大学生对我国主流意识形态认同和培训机制研究”（CSZ18076）阶段性成果，四川文理学院校级思政专项一般课题“自媒体时代高校主流意识形态认同教育的研究——以四川文理学院为例”（2018SZ002Y）阶段性成果。

② 作者简介：魏晓军，陕西宝鸡人，法学硕士，四川文理学院财经管理学院专职辅导员，助教，研究方向为大学生思想政治教育、社会思潮。

育人、社会合作”的“四圆同心”办学思路，塑造具有“三心四能五复合”的高素质应用型、复合型人才，立足川东，服务四川，面向全国，努力把学校办成特色鲜明、优势突出的高水平大学。在此办学精神思路指引下，学校加快转型发展，努力寻求社会合作，探索多方合作协同育人机制，作为二级学院的财经管理学院在学校大的转型发展趋势下凝练出自身诚信文化之特色。根据《国务院关于印发社会信用体系建设规划纲要（2014—2020年）的通知》（国发〔2014〕21号），2014年起，全国各省市自治区相继都出台了规划纲要和实施方案，四川省人民政府2014年下发《关于印发四川省社会信用体系建设规划（2014—2020年）的通知》（川府发〔2014〕66号），2016年8月25日下发《关于印发四川省社会信用体系建设工作实施方案的通知》。中国人民银行达州市中心支行作为牵头负责达州地区社会信用体系建设的核心机构，在此背景下，作为主要服务地方经济文化发展的四川文理学院和中国人民银行达州市中心支行在诚信文化建设方面找到了合作的契合点，四川文理学院以其二级学院财经管理学院为依托，中国人民银行达州市中心支行联合中国工商银行达州分行，三方于2016年6月13日签署合作共建诚信文化教育基地协议，银校合作迈出实质性一步。在仅仅不到两年的时间里，学校以诚信文化教育基地为依托，开展了丰富多彩的活动，形成了一系列机制，诚信文化教育初步形成可凝练的机制经验。在诚信文化与大学生思想政治教育的有效融合路径方面笔者有一些经验体会。

一、实现对诚信文化的继承与创造性转化

诚信文化融入大学生思想政治教育以承认并充分肯定诚信文化价值为前提，诚信文化作为中华民族千百年来世代相传坚守的精神内核，“抛弃传统，丢掉根本，就等于割断了自己的精神命脉”[1]。但我们需要认识到一定文化必然脱胎于一定的时代背景，历史上逐渐形成的诚信文化难免与当代社会有所冲突，这就需要我们对诚信文化进行继承基础上的创造性转化。

（一）肯定诚信文化的价值

中国有着光辉灿烂的历史和多姿多彩的民族文化，灿若星河的历史和文化共同孕育了众多中华民族优良的精神和传统，诚信便是这星河中耀眼的一颗。在余英时先生看来，稳定的社会秩序和结构正是得益于传统文化的影响，可以肯定的是，诚信在维持社会秩序上起到了至关重要的作用。小到人际关系的基本准则，大到国家治理的重要法则，人们都要遵循诚信。中华民族自古注重诚信精神的塑造，《论语》里就有“人而无信，不知其可也”，意思就是一个人

没有诚信，那么他什么也做不成；《左传》中甚至将诚信强调至国之根本的程度，所谓“信，国之宝也，民之所凭也”。传统文化中关于诚信的典故不胜枚举，如“曾子杀牛”“韩信报恩”“商鞅立木为信”等。中华民族文化能够几千年长久不衰，与诚信精神的坚守不无关系。

诚信文化作为优秀的传统文化，为当今的和谐社会建设，特别是诚信教育提供了极为重要的源头活水。社会主义核心价值体系正是以传统文化为根基，习近平同志指出“培育和弘扬社会主义核心价值观必须立足中华民族优秀传统文化。牢固的核心价值观，都有其固有的根本”[2]。诚信文化在十八大报告中同样受到高度关注。“诚信是社会主义核心价值观中最具基础性地位的，诚信是实现其他价值诉求的基本前提”[3]。反观现如今社会诚信缺失，诚信危机有愈演愈烈之势，继承和弘扬诚信文化对于当前整个社会而言都显得尤为紧迫和必要，大学生作为我国社会主义现代化建设事业最重要的建设者和接班人，在大学生的思想政治教育中有效融入诚信文化教育就显得非常必要，古为今用，古今结合。在诚信文化建设中，四川文理学院通过诚信文化手抄报大赛、诚信征文、诚信主题演讲比赛等活动，引导学生了解古往今来反映诚信文化的典籍故事，深入发掘其内在的教化价值。

（二）创造性转化诚信文化

诚信文化作为诚信的根基，为诚信教育提供了极为重要的素材支持，但文化的产生离不开特定的社会环境，传统文化自然烙下了古代社会的痕迹，传统社会与当代社会各方面相去甚远，无论是群体心态、文化生态，还是社会组织结构、经济形态，都有较大的差异。诚信文化从不同历史时期的文化中脱胎而来，“不同的政治、经济及文化传统决定和衍生出不同的诚信形态”[4]。重视诚信文化的价值是思想上的问题，有效衔接诚信文化与当代大学生思想政治教育是方法上的问题。衔接传统与现代本身就是一个难题，是一项系统性工程。诚信文化教育基地的实践表明，学校以学生喜闻乐见的文体活动的形式，设计一定的奖赏举措，鼓励学生积极准备参加相关活动。在准备比赛的过程中学生自然会想到回归传统诚信文化中，思考传统文化与现代本身如何衔接，创新表达方式，从而实现对传统诚信文化的创造性转化。

（三）诚信文化带有较为明显的古代社会的痕迹

诚信，简而言之，诚于内而信于外，是一个内化和外化的双向互动促进的过程，有着个人与他人、个人与社会群体的多维度关系。中国传统诚信文化格外强调自我修养，注重自觉意识的提升，依托自我意识的觉醒，要求吾日三省吾身、慎独自律等。由此造成诚信文化的继承和发展缺少了法律法规的约束，强自律而轻外律，重视家本位或家族本位，着力于伦理而忽视法律观照，这就造成了诚信精神的建立与社会主义法制社会建设存在难以融合之处。我们将诚信文化融入大学生思想政治教育，就需要对这些缺陷进行反思和转化。在文本的表达上，我们要融入更多的现代元素，在秉承传统性的基础上赋予诚信更多的现代性。诚信文化教育基地以财经管理学院为建设依托，正是着眼于财经管理学院各个专业服务于当今经济社会最前沿，学院对各个专业学生开设“现代征信学”专业必修课，就是将诚信建设融入当代的法治社会建设中去，将诚信文化建立在法制基础上，培养广大财经学子的诚信法制意识。

二、加快大学生思想政治教育课程体系建设，助推教学方法和手段的与时俱进

中国教育长期奉行应试教育，而应试教育则仅以考试来判定学生的好坏优劣。在此长期影响下大学生学习多取决于某门课程或技能有无考试安排和学分要求，鉴于此我们要提升诚信文化教育的有效性，在现有的思想政治教育课程体系基础上，进行扩展和完善，加大对诚信文化的教材开发和教学力度不失为一种有力尝试。同时，为了提升诚信文化课程的吸引力，我们还需改进旧有的教学方法和手段，充分利用多种媒体增强课堂教学趣味性。

（一）加大对诚信文化的教学力度

思想政治教育是帮助大学生树立正确“三观”的核心课程，其涵盖的内容相当广泛，大到世界风云和家国构建，小到离愁别绪和邻里市井。在这些复杂人事和所涉及的方方面面的内容中，诚信必然贯穿其中。可以说，目前我们在思想政治教育中已经认识到了诚信文化的价值，但所强调的强度和举措的时效还与现实预期相差不少。一般情况，学校针对大学生的思想政治教育公共课程主要开设了“思想道德修养与法律基础”“毛泽东思想和中国特色社会主义理论体系概论”“马克思主义基本原理概论”“中国近代史纲要”四门课程，这四门课程中对传统文化均有所提及，有些教师在授课中也会提及诚信文化，但大多是点到为止。这就需要教师在思政课的教学设计中有意识地重点突出社会诚信问题，联系诚信文化与当代社会诚信问题，激发学生对诚信文化的关注，培养学生良好的诚信思维习惯。诚信文化教育基地在教学方面想方设法提升诚信文化的教学力度和渗入度。财经管理学院各个专业班级的思想政治理论公共课由学院与学校马克思主义学院协调，有意识地调配由本学院分管学生工作的党总支书记、辅导员、班主任教授思想政治理论公共课中自身擅长的科目，在教学中将诚信文化作为独立专题进行讲授，在其他章节的教学中也尽可

能合情合理地将诚信文化渗入其中。学院每学期至少举办两次诚信主题班会，各班班主任主持召开，进行诚信文化的主题再教育，班会中设置诚信文化大家谈、诚信文化小辩论、身边的诚信榜样等活动环节，不遗余力增加诚信文化的教学力度。

众所周知，中国教育多以考试衡量一切，如不做教学要求和考试要求，学生基本也不会予以重视。因此，要提升诚信文化融入大学生思想政治教育的有效性，我们就必须加快思想政治教育课程体系的建设，加大教学力度。诚信文化教育基地自建设以来，特别重视诚信文化教材方面的开发力度，现已面向全院学生开设了“现代征信学”必修课，并将此课程作为选修课面向全校学生开设，将其设置为与四门思想政治教育课并列的第五门课程，设置为必修课程，并重视考试或考查情况。另外，学生自入校起，学校会引导学生阅读反映传统诚信文化的典籍著作并形成读书报告，每学期举行优秀诚信文化读书报告评选展览，有效提高学生的诚信文化修养。

（二）创新教学方法和手段

提高大学生思想政治教育有效性无疑是一个难题，思想政治教育本身具有突出的政治性、抽象性、强制性，灌输式的理论说教一般为广大学生所反感。教师加大教学力度，有时不但不能提高教学的实效性，反而会适得其反。五四以来，中国对传统文化一度全盘否定，相当长的时期，总的社会文化环境对传统文化持批判的态度，基础教育到高等教育均受此文化环境影响，大学生对传统文化不甚了解、一知半解，甚至敬而远之。有学者就大学生对传统文化的了解程度做过调查，发现“有 59.3%的同学回答一般了解，有 33.9%的同学回答粗略了解”[5]。由此可见，将诚信文化融入思想政治教育中绝非易事。

传统的灌输式教学显然已经过时，处于信息化时代的大学生接触的信息异常庞大，传统的一本教材、一支粉笔的教学模式已不能适应当代大学生对信息化背景下课堂教学的要求。除了对诚信文化进行创造性转化外，教师加强教学方法和手段与时俱进的创新也是非常必要的。教师在教学中，要充分利用多种媒体，用丰富多彩的形式将知识传递给学生。在讲解“现代征信学”课程时，除使用多媒体展示相关图片资料外，教师还可以播放金融系统制作的征信宣传片，在浩如烟海的影视作品中节选反映诚信文化，特别是将展现当今经济生活中诚信文化的优秀影视作品作为教学辅助材料，通过偶像搭建起的文化教育平台更能激发大学生的学习兴趣。

再有，诚信文化教育需更好地嵌入思想政治教育公共课程中。教师在讲授“毛泽东思想与中国特色社会主义理论体系概论”课程时，需注意挖掘和宣传有关诚信的典型鲜活故事，借以这种方式，既能增加政治公共课的趣味，又实现了诚信教育的目的。教师应减少单一式教学，在诚信文化教育中立足并回归于历史，从对历史的深入挖掘中传递诚信文化，可以由学生排练情景剧、开展课堂演讲比赛以及辩论赛，取材政治公共课中的诚信案例，如毛泽东、周恩来、邓小平、朱德等，也可以尝试从古代历史人物中汲取营养，进行古今对照，古今对话。这样一来，课堂教学能够促使大学生思想政治教育变成一个整体，从而一定程度上提升诚信文化融入大学生思想政治教育的有效性。

三、助推大学生对诚信文化内化与外化的双向促进

教学绝不仅限于课堂，学生在社会中所学远多于在课堂所学。在思想政治教育中，隐性教育相较于显性教育优势明显，它对学生的影响是潜移默化而又持久的。因此，在实践中学就更为重要了。当然，思想政治教育绝不是简单的知识教育，更要从心智模式的转变发展为行为模式的根本转变，其最终目的是指导规范学生的道德行为。因此，从实践中学，到实践中检验，全力助推大学生对诚信文化内化与外化的双向促进是诚信文化教育的关键性步骤。

（一）从生活中学，重视隐性教育

苏霍姆林斯基曾言，学生在学校的几个小时的学习不如在回家路上的几十分钟学到的东西多。话虽不够严谨，但他侧面印证了一个教育道理，环境对学生的影响是长远和深刻的。因此大学生身边的环境和现实生活所产生的影响是长久有效的。教师将诚信文化融入大学生思想政治教育中，需要有意识地强化隐性教育，让学生在生活中学习。

高校在教室和校园中要营造良好的诚信文化氛围。“新媒体时代生活方式的转变也带来大学生在社交、信息获取、闲暇娱乐等方面新的需求变化”[6]。因而在诚信文化教育基地建设过程中我们要利用传统的报纸、广播等媒介，充分认识到新兴网络媒介的威力并充分发挥其效用，广泛使用微信、微博、抖音等新媒体手段，发挥其强大的信息传递和宣传功能，讲好传统诚信故事，弘扬传统诚信美德，从传统诚信美德到宣扬当代社会诚信道德楷模，打造一个诚信文化和诚信美德随处可见的校园环境。考试前辅导员通过 QQ、微信、微博等媒体，宣传诚信考试，告明学生考试作弊的危害和处罚办法。学校举行诚信考试签名、诚信宣誓等活动，通过这些颇具仪式性的活动，加深学生对诚信文化的内在感知力和敬畏感。对于具有良好诚信品质的学生学校应予以奖励，对于有损诚信的学生学校要严厉处罚，引以为戒。学校应鼓励学生广泛参与创意诚信文化的设计，通过征集诚信文章、短视频、广告语、小故事、手抄报等内

容，充分挖掘和展示诚信文化的多元性和时代性，为全校师生打造出一个处处彰显诚信文化的校园环境，同时学生在这种环境中自然而然地接受了熏陶。

学校要发挥好大学生自治组织的作用。团总支、学生会一般是有着较高追求和较强政治觉悟的优秀同学自愿加入的自治组织，他们对团学组织有着较强的认同感，团学组织在学生中有着较强的影响力，学校通过团学组织以点带面，营造良好的诚信文化氛围不失为一种可行的方案。诚信文化教育基地以财经学院团学组织为开展诚信文化活动、打造文化氛围的依托抓手，将诚信文化列入团学组织规章守则，在团学组织的日常活动设计之初就将诚信文化有力渗入其中，使得每一个团学组织成员在参加团学组织活动时在无形中接受熏染，逐渐养成诚信做人、诚信做事的良好习惯。另外，学院定期召集团学组织各个部门负责人对其进行诚信教育，以点带面进行宣传教育，树立诚信道德楷模，发挥榜样的隐性教育作用。在发挥团学组织作用的同时，我们还要积极动员与学生思想教育密切相关的部分团体，“创设大传统文化思想教育体系”，这也是需要“宣传、团委、工会、后勤等多部门参与的”[7]，吸引学生在校园环境、生活氛围中接受隐性教育。

（二）在实践中学，达成诚信文化内化与外化的双向促进

著名教育家陶行知先生曾言：“智育注重自学，体育注重自强，德育注重自治。”[8]也就是说，思想政治教育的成效最终是要通过学生的自律慎独而达成，教师讲授诚信文化知识，只是解决了学生会不会的问题；学生愿不愿意，还是要落脚于学生在实践中的“自律”和“内省”。这极大肯定了实践在诚信文化融入思想政治教育中的意义。

诚信文化融入大学生思想政治教育时，学校要着力推进“在实践中学”。社会实践是大学生思想政治教育的第三课堂，也是进行诚信文化教育的重要平台。诚信文化教育基地充分利用平台优势，积极组织学生参观具有地方特色的文化遗址、爱国主义教育基地、历史遗迹等。同时学院还与达州金融系统单位合作，开展诚信文化演讲比赛、诚信为主题的迎新晚会，借着高规格的活动平台，充分激发学生创造出反映诚信文化的精品力作，从而有效影响更多学生学习树立诚信意识。我们借助大学生的强大组织和凝聚力，在学院设立金融协会，征集诚信文化志愿者，志愿者在校内开展形式多彩的诚信文化宣传活动，在校外举行志愿诚信文化宣讲活动、防范金融诈骗的义务宣讲活动。学校鼓励学生在社会实践中感受诚信文化的价值，从而增进理解和认同。

学习只是手段，学生的现实表现才是思想政治教育的最终归宿，只有到现实中去，到生活中去，学生才能更真切实在地学，将其内化为自身的道德素

养，进而外化为道德行为。也只有在现实生活中，学生才能真正认识到诚信文化的价值。例如，通过与诚信道德楷模进行学习交流，学生能直观感受诚信的魅力，增强对抽象的诚信文化的具象感，从而认同诚信文化，以之为榜样，在实践中反省自身行为是否合乎诚信道德，由此实现大学生对诚信文化内化与外化的双向促进。

诚信文化是当代诚信教育的根基，大学生思想政治教育要以诚信文化为重要的教学资源。诚信文化教育基地两年多以来的实践探索表明，要将诚信文化有效融入思想政治教育中去，学校需要明确诚信文化的价值，并对其进行符合当代社会背景的创造性转化；同时学校还要加快大学生思想政治教育课程体系建设，加大诚信文化的教学力度，助推教学方法和手段的与时俱进；更重要的是，学校要重视隐性教育，在生活中学，在实践中学，实现大学生对诚信文化内化与外化的双向促进。我们将诚信文化融入大学生思想政治教育是一项系统性工程，有相当的难度，如何实现更好的融合，仍需要各个战线平台的教师和学者们不断探究。

参考文献

[1] 刘晓文. 社会转型时期中国诚信文化创造性转换和创新性发展 [J]. 思想政治教育研究，2015 (3)：23-26.

[2] 习近平. 把培育和弘扬社会主义核心价值观作为凝魂聚气强基固本的基础工程 [N]. 人民日报，2014-02-26 (1).

[3] 陶悦. 社会主义核心价值观之诚信的传统文化根源 [J]. 学术交流，2015 (12)：63-67.

[4] 沈永福. 中国诚信文化的流变 [J]. 常州大学学报 (社会科学版)，2015 (3)：1-6.

[5] 张师帅. 论优秀传统文化在大学生思想政治教育中的价值及其实现 [J]. 国家教育行政学院学报，2015 (8)：56-61.

[6] 孔超. 人文关怀：大学生思想政治教育中的温润华章 [J]. 黑龙江高教研究，2015 (3)：131-135.

[7] 李大伟. 基于传统文化维度的大学生思想政治教育创新探究 [J]. 江苏高教，2012 (2)：133-134.

[8] 陶行知. 陶行知全集 (卷一) [M]. 长沙：湖南教育出版社，1995：281.

诚信文化演讲篇

用生命去支撑的重量

财经管理学院　杨涛

天空很晴朗，大海也很平静，老人和平常一样坐在门前抽着旱烟，嘴角的微笑表露出他对生活的满足，他生在苍南，活在苍南，每天在清晨的海风中苏醒，在每天的海浪声中入眠，有老伴儿，有儿子，有简单的一日三餐，这就是他后半生最美的梦。可是这一天，他最敬仰的大海让他的梦破碎了，一场突如其来的灾难让他美丽的梦碎了一地。2006 年，桑美台风带走了他三个儿子的生命，带走了他崭新的渔船，带走了他最美的憧憬，那年，他 77 岁。儿子们东拼西凑攒够了 100 多万元，终于买上了百吨位的钢制渔船，本该好好享福的他却此时白发人送黑发人，承受了生命不能承受的痛苦。儿子没了，儿媳也走了，一个好好的家转眼间就变得支离破碎，这就像一道晴天霹雳让他来不及反应，他迷茫过，也想过就这么撒手人寰，可是还有欠下的 80 万元的债啊，这是别人的血汗钱，这是别人对自己的信任，这更是关乎自己一家人的诚信啊。80 万元，这可能就是一个普通人一辈子的财富，可是 77 岁的他却毅然选择了子债父还，卖掉了打捞起来的沉船，用掉了儿子的生命钱，还欠 40 多万元。怎么办，这个问题可能从来没有在他脑海里出现过。他去捡垃圾，他去踩三轮，他可以每顿只吃盐水煮出来的白菜，7 年没有买过一件新衣服，就算过年了，没有亲戚和朋友的救助，他家里也开不了一顿荤。就这样，每个月只有 300 元低保的他硬生生还掉了 30 多万元。2013 年，他不行了，熬了好多年舍不得做体检的他，被告知得了尿毒症后期，躺在床上，他心心念念的还是那剩下没有还掉的 10 万元。他拉着他家人的手说：“现在我无能为力了，家里的债你要还。”就像当初有人上门来要债，他毅然决然地回答：“我会还债的，我的儿子已经没有了，我不能让他们丢脸。”就算他不在这个世界了，他也要让自己的后人把他这种诚信的品质传承下去，哪怕是活到自己生命的最后一秒，也要去坚守这种品质。

他的名字叫吴乃宜，“诚信老爹”吴乃宜，一位我们应该去敬仰的老先生。感动温州十大人物颁奖词这样写道：“失去儿子的痛，化为替子还债的愿。他用老百姓最朴素的方式，告诉我们“诚信”的含义。他很贫穷，也很富有。诚信，就是他最大的财富。”

我想在座的每一个人都应思考这样一个问题，人这一辈子最珍贵的是什么？裴多菲曾说过“生命诚可贵，爱情价更高，若为自由故，两者皆可抛”，因此有人说，是自由；康格里夫说过“没有爱情的人生是受罪”，所以有的人说是爱情；吴乃宜用自己的生命诠释了什么叫作诚信，我认为这个世界上最珍贵的东西是诚信，如果用生命和诚信来比一比重量，我想诚信肯定更重一些，因为诚信是我们需要用生命去支撑的重量。

守诚信，做真人

数学学院　朱璇

大家可能都遇到过这样的事儿：在拥挤的街道上，一些乞讨者或站立，似正常人；或趴在地上，像是带有残疾。但是不管哪一种，他们的目的都是一致的，就是向好心人要钱。当大家面对这样的情形，是给钱呢，还是大步走开？拿我自己来说吧，我给过，也常常不给。给，是因为我想给真正有困难的人提供一点点帮助；不给，是因为骗子行乞、被人胁迫行乞的事件时有发生。相信在座的各位也和我有同感，对吗？

诚信，是一个亟须我们直面的社会问题。

2015 年 2 月 1 日，为了给弟弟看病，我和爸爸走遍了北京大大小小的医院，如北京军区总医院、武警总医院等。期间我们还来到了武警北京第二医院，这家医院的某一位医生和爸爸是同乡，他向我们讲述了神经因子疗法是多么的神奇，几乎可以包治百病。虽然我们当时看病的心情万分迫切，但我们还是半信半疑地离开了这家医院。时隔一年，2016 年的 4 月 12 日，年仅 22 岁的魏则西在家中去世，5 月 1 日，莆田系和百度登上了热搜榜，引起了社会大众的广泛关注，而这个事件的地点，就在武警北京第二医院。当我看到这则新闻的时候，浑身直冒冷汗，如果当时我们选择在这家医院进行救治，这则新闻中的主角会不会就变成我和我的家人了呢？我根本不敢去想……

2016 年 5 月 24 日，广西柳州通报“问题奶”事件，立案查处 9 家幼儿园。假疫苗、天价大虾值得我们反思。诚信、本真和道德，就这样被虚假和欺骗步步紧逼，就快要坠入崖底。

韩剧《太阳的后裔》当中有一段宣誓词：从现在起，我将获得从医许可，我将用我的威严和良心布施医术，我将超越任何种族、国籍、宗教、政党以及社会地位，只对病人履行我的义务，即使受到威胁，也绝不利用我的知识去做违背人道的事……一部韩剧尚且能抓住行医者的精髓，更何况是有着上下五千年历史的泱泱大国？当社会的良心接受拷问，又有谁来拯救中国的诚信？网络利用我们的信任，换取我们的点击量；一些医院利用我们的信任，赚取昧心财。在众议鼎沸之际，那些被生命质问的企业，尤其需留存责任，坚守诚信。

当我们的诚信和本真变得越来越廉价的时候，我们应该静下来思考：以真诚回报虚伪，以诚信坚守自我，是不是比虚假地活着来得更加的可贵？当我们的社会急剧转型，人口流动量加大，人与人的交往越来越趋向于一次性消费，“骗一次算一次”的社会心理在滋生蔓延。但是，问问我们自己，我们真的敢继续喝着过期的牛奶吗？我们真的敢住进没有运营资质的医院吗？我们真的愿意随时带着提防的面具生活吗？这个社会需要的不仅是我们对诚信的呼唤，更是我们每一个人对诚信的坚守。

只有我们每一个人都保持属于自己的清澈，才能让诚信深入人心。到那时，诚信将取代粉饰，简单将取代复杂，温情终将取代冷漠。撕开伪装的面具，抛掉所有的装饰，我们需要的只是“守诚信，做真人”！

口袋里的薄荷糖

文学与传播学院　吕玙璠

大家好，我的演讲题目是《口袋里的薄荷糖》。

在演讲开始之前，我想给大家坦白一件事情，今天是我第一次正式地站在舞台上演讲。在台下，我做梦都在练习稿子。但是站在这里我还是有些小紧张，但是我会努力完成这次演讲，谢谢大家。

不知道大家第一次吃薄荷糖的时候，是什么感觉。我第一次拿着它的时候就有一种说不出的感受，甚至有些讨厌它。

记得是我9岁的时候，我一个人在院子里玩耍，看见我爸的摩托车时我突然就有了一个想法，于是我纵身一跃就跳上我爸的摩托车，学他骑车的样子，感觉自己像个侠女，特别神气。当时兴奋过度，我脑子一热，拿着手里的树枝，一下就插进了摩托车的钥匙孔里，结果树枝卡在里面。后来我爸发现钥匙孔被堵住，就问我知不知道什么情况，我特别害怕挨打，就违心地说我不知道。那一夜我躺在床上翻来覆去，一想起我爸骑了一个破自行车赶去上夜班的身影，心里就特难受。第二天我就向我爸说了实情。当时我想了各种他揍我的情景，可是一种都没有发生。他只递给我一颗薄荷糖，说希望我记住它的味道。这是我第一次拿着薄荷糖，心里有些难受，但我并不能理解他的含义，直到我长大的时候才渐渐明白。

那年暑假，我决定去家乡的电视台面试实习生招聘，当时应聘的人很多，个个比我优秀，有的具有丰富的经验，有的精通各种后期制作软件，而我，好像除了书本上的理论知识之外，似乎什么都不知道。我坦诚地告诉面试官，我是一名大一的学生，虽然没有足够的经验，但是我愿意去学习，更用心地去做事。就这样我破天荒地被录用了，后来我才知道，其实并不是因为我当时能力有多强，而是我那份真诚的态度打动了他们。那时，我似乎明白了我爸当初给我那颗薄荷糖的意义。他让我懂得，不管自己发生了什么，只有真诚地面对，你才会得到更多。于是我选择了剥开这颗薄荷糖，去体会它带给我的味道。

说到这里，我想问问大家，诚信真的就那么难做到吗？其实不然，诚信也许比我们大家想象的都要简单，简单到你只需准时地踏进教室，简单到你只需做到对别人的承诺，甚至简单到你只需不再为自己的错误找借口。回过头想，如果那天我隐瞒自己的不足，呈现一个优秀的自己，又会是怎样的结果？我想恐怕我就没有那次实习机会了吧。

我们常常把诚信二字挂在嘴边，但诚信究竟会带给我们什么？诚信就像这颗薄荷糖一样，我从不懂到懂得它的含义，它带给我的是清新爽口的体验。在学校，我每天都过着寝室、食堂、教学楼三点一线的生活。每次我看见公示栏贴出的一些比赛的海报时，我就特别兴奋，但每次我都选择了把机会让给别人。但今天不一样，就像在演讲开始之前我告诉大家的，这是我第一次演讲，我用坦诚得到了你们的包容，得到了一次体验，更得到了面对恐惧的勇气。其实这就是一个从无到有的过程，在这个世界上我们有太多的东西没有去尝试，刚开始我们就选择了放弃，我们失去了太多的体验。未来的商机是留给第一个敢吃螃蟹的人，我们需要多尝试。最后我想说只有我们真诚地面对自己，敢迈出自己害怕的第一步，才能获得生活中最美丽的精彩。

雨伞下的信任

文学与传播学院　范慧萍

合伙人之间互相的信任成就了生意，朋友之间互相的信任成就了友谊，陌生人之间互相的信任让人感动。每个人对于诚信都有不同的理解，而我觉得诚信其实就是问心无愧。诚信就是用善意对待这个世界，信任这个世界。

上个星期我回家时，达州下雨，到车站的时候还很早，于是我准备去车站旁边的快餐店坐一会儿，进去以后我就把伞放在了专门搁伞的塑料盆里。等我离开时伞已经不见了，我翻了三分钟，在十几把花花绿绿的雨伞中始终没有看到我的伞。我只好安慰自己，可能别人眼花拿错了吧。那时我觉得信任就像一张纸一样，皱了，即使抚平，也恢复不了原样。

2014 年，国内某市地铁站举办了一次爱心雨伞活动，下雨天人们可以免费从车站拿一把雨伞，下次还回来即可，可是不论采取收取押金的方法还是身份证登记的制度都避免不了丢伞的情况。日新月异的今天，便捷的公共设施给予了人们足够的方便，让人们得到必要的帮助，但最初的真诚与信任却丢失了。

从南京彭宇案到天津许云鹤案，从三聚氰胺到地沟油，从莆田系医院到魏则西事件，中国社会的信用被恶性透支，信用的缺失让整个社会的成本无限放大。于是，遇见老人摔倒，很多人开始犹豫；看见街边的乞讨者，我们分不清是真乞丐还是假乞丐；企业的良心和道德底线一次次被打破；最基本的饮食安全都毫无保障。如果每个人因为怕被讹诈而不扶摔倒的老人的话，这个世界会变得更美好吗？如果每个人因怕被欺骗而不去帮助乞讨人的话，这个世界会变得更美好吗？如果因为害怕欺骗而错过了真正需要帮助的人们，这个世界会变得更美好吗？因为看到了世界的悲哀与苦难，放弃了真诚与善良，这个世界会变得更美好吗？我们也许没有辨别欺骗的能力，这个社会上还有一些阴暗的地方没有照到阳光，但只要我们拥有一颗真诚的心并且以之待人待事，这个世界一定会因为你的诚心改变一分。或许在今天你放下雨伞时依然会犹豫，但明天当陌生人把伞毫不犹豫地递给你时，你一定会将这份感动一直传递下去。

诚信都去哪了

政法学院　唐李

这个世界上唯有两样东西能让我们的心灵感到深深的震撼，一是我们头顶上的灿烂天空，二是我们内心崇高的道德法则。

有一天，我们呱呱坠地，降临在这片神州大地上，在这里被抚养长大，我们身上流淌着诚信的血脉，那可是我们的立身之本，处世之宝啊。这片土地上的每一个人都应该是一个诚实守信的中华儿女。可你回过头看看，他们拿这诚信的血脉都干了什么？考试作弊、文凭造假、逃避贷款、销售假冒伪劣商品、各种电信诈骗。天呐！摸摸自己的良心，扪心自问一句：你们的诚信去哪了？你还是中华这片大地上哺育出来的儿女吗？如果是，那你凭什么拥有诚信这么高贵的血脉？

今天，改革开放已经在风雨中走过了四十余年的历程，社会主义市场经济不断向前发展，在经济腾飞和人民生活发生巨变的同时，市场主体也越来越多，经济规模也越来越大，那么这些企业在利益的驱使下，能经得住金钱的诱惑吗？一些企业，甚至是一些我们引以为傲的民族企业，都没有能够守住道德的最后一道防线。看看我们的周围：地沟油、苏丹红、瘦肉精充斥着我们的生活；三聚氰胺、染色馒头、含镉大米无处不在，蒙蔽了我们辨别真善美的双眼。曾经的骄傲去哪了？诚信去哪了？这还是中国企业吗？还是传承了千年诚信美德的国家所养育的企业吗？这是耻辱，不仅是中国企业的耻辱，更是中国人的耻辱，中华民族的耻辱。

我们是中华儿女，诚信的美德在这片神州大地上传承了数千年，那是我们值得骄傲的千年文化。今天，全世界都在学习中国文化，学习中华民族的传统美德，难道有一天要让别人来教导我们什么是诚信吗？千万不要让这一天到来，因为这一巴掌很痛、很痛。诚信是我们宝贵的民族精神财富，如果失去了他们，失去了这些传承了千年的美德，我们拿什么去实现中国梦，又拿什么让人民幸福安康？

不忘初心

化学化工学院　王学敏

在开始我的演讲之前我想问大家一个问题。有没有人知道明天是什么特殊的日子？

每年的6月14日是中国人民银行设立的“信用记录关爱日”，而明天是它的第九个生日。毋庸置疑，当代社会信用最集中的地方非金融行业莫属，推动社会发展的也是经济。也许我们都不太了解金融，但至少也知道金融危机吧。温家宝曾一针见血地道出诚信的缺失是本次危机的根源，同时也揭露了不诚信是破坏经济发展的首要因素。

于是我想问：“这个世界到底是怎么了？为什么金融危机会再次爆发？为什么为了谋利诚信这一经济身份证都可以不要？为什么在利益面前人性最大的善良都可以被抛之脑后？难道除了金钱，人生没有更好的东西？难道在经济社会中诚信本就虚无，毫无意义？”我不相信，也不敢相信。虽然我不知道不诚信到底会给那些不守信的人带去什么，但我清楚地明白欺骗会让他们失去爱，失去最天真无邪的爱。

去年我应聘了一个暑假教师的职位，到一偏远的小镇上给孩子们上课，当时我的每一位领导都对我说：“你要对所有的孩子和家长讲你就是一位老师，让他们信任你。”但是我没有，面对孩子我没有底气说谎，作为兼职“老师”，我更希望他们学到的是书本之外的诚信。于是我坦白了一切，原本以为我们就此会形同陌路，可没料到我收获的不仅是他们的信任，更是满满的感动。那时怕我流落街头，会有孩子夜里9点陪我这个老师四处寻找出租屋；担心我挨饿，会有孩子一大早爬五楼，气喘吁吁地递上家里刚摘的蔬菜；不忍心我独自打扫卫生，会有孩子留下来帮我扫地、倒垃圾，等我一起回家，然后再天真地冲我微笑：“王老师，不要以为我喜欢你，那是我在可怜你……”我深知那些都是欺骗所无法企及的美好，只有诚信才能照亮心中的阴暗。

他们的将来我们谁也无法预料，但无论怎样他们都要步入这个社会，总有一天会成为这个社会的中流砥柱。希望那时的他们依然记得曾有人教过他们做人要诚信，依然坚守着那颗真诚的心，依然勇敢地做最美的自己。那么那时的社会也定是真诚而美丽的，整个中国的经济也是欣欣向荣的。我想那就是我作为一个老师最大的骄傲。

因此今天站在这里我要对自己也对你们讲，在我们成长的道路上我们一定不要去欺骗，去变坏，变得为了利益而不择手段。我们绝对不可以随波逐流，绝对不可以摧眉折腰，绝对不可以丢失那颗最真诚的心。

诚信

体育学院　王涛

如果要你选出一生中最重要的两个字，你会选择什么？有人选择财富，有人选择美貌，也有人选择时间或自由。

参天大树挺拔耸立，靠的是深扎大地的根的默默支持，凌云高楼气势雄伟，来自于厚重坚硬的基石的支撑。那么人又是靠什么来支撑无比睿智的人生呢？那就是诚信！

电影《一个都不能少》让不少的人为之动容，很多人看到了山村贫困的现状，看到了山区艰苦的教育条件，看到了孩子们渴求知识的双眼，看到了这位 13 岁老师坚定的脸庞。这部电影深深地震撼了我，贫困的山村小学失学的现象特别的严重，临时代课的魏敏芝记住了高老师走前的叮嘱：一定要把孩子看住，一个都不能少。然而 10 岁的张慧科因家里欠债无力偿还，不得不到城里打工，魏敏芝决心把张慧科找回来，只身一人踏上了进城之路，开始了茫茫人海里的寻找。就因为当初的一句承诺，她甘愿受砖厂老板的欺骗从而获取进城的路费；就因为当初的一句承诺，她狼狈地被司机赶下了车；就因为当初的一句承诺，她忍饥挨饿穿梭在城市的每一个角落。学生找到了，她却病倒了。虽然她不会算术，虽然她不精通英语，甚至她连小学的知识都不懂，但谁又能说这样的老师不会影响孩子的一生呢？

古有商鞅变法，徙木立信。今有海尔守信，一掷千金。但随着时间的推移，那些诚信似乎渐渐地被冲淡。随着社会的发展，一些人的嘴脸渐渐地被削尖。诚信居然受到了唾弃，骗子当道，掺杂使假，物欲横流。当你看到劣质高楼瞬间坍塌，众人倒在血泊中时；当你看到躺在医院的小孩，受劣质奶粉折磨的时候；……它们就出现在我们平时的生活里。我们还要冷眼旁观吗？我们还要坐观其变吗？我们还能置身事外吗？不，不能！诚信是在于积累的，若每个人都从自己开始改善信誉，形成量的积累，必将构成一个诚信的社会、和谐的社会。

同学们，诚信是世界上最宝贵的财富，是最能打动人的品质。有了诚信，才有夜以继日的执着；有了诚信，才有桃李满天下的喜悦豪情。无论历史的车轮如何辗转，无论宇宙的尘埃如何变幻，诚信都将闪烁着诱人的光芒。

同学们，让我们怀着一种共同的信念与诚信同行吧。

诚信于心

教师教育学院　温念鸿

诚信是什么？老农说，诚信是春天播下的种子，秋天就能结出丰硕的果实；园丁说，诚信是精心培育的花苗，夏天就能开出娇艳的花朵；我说，诚信是寒冬中火红的炉火，能让孤独的游子感受到家的温暖。

在市场经济日益繁荣，商业化道路日益拓展，人民收入日益提高的今天，诚信二字掂起来却是那么沉重。社会中各种骗术层出不穷，尔虞我诈充斥在市场之中，以至于网友如此调侃：从咸鸭蛋、辣椒酱里我们认识了苏丹红，从火锅里我们认识了福尔马林，从银耳、蜜枣里我们认识了硫磺。多么痛的领悟啊！难道在金钱的诱惑面前，我们只能做服帖的小白鼠吗？

不！不是的，在金钱的集中营——银行里，涌出一股诚信的清泉，洗涤着这个信用正在降低的社会。随着社会经济的发展，信用卡越来越像是人们的第二张身份证。全国各地很多高校在宣传征信教育，有的高校开设“现代征信学”这门课程，这样做有利于促进高校建立信用奖惩机制，对弃诚失信的学生予以约束，对考试作弊、学术研究造假、恶意拖欠学费、不履行助学贷款承诺等不诚信行为开展教育和惩戒，建立健全高校学生诚信档案，促进高校学生自觉讲诚信。当然，有的人对征信教育产生怀疑，认为有法制约束就没必要浪费时间和精力去宣传。但是，我想问同学们一个问题：征信机构对个人不良信息的保存期限，自不良行为或者事件终止日起，几年以后应该予以删除？答案是 5 年。我认为，普及征信知识是社会进步的需要，是人格完善的需要。

同学们，几年后，我们也要跨出学校，独自去体味社会的多彩，同时也要承担社会的压力。我们现在既然有机会践行诚信，又何必让生活在我们身上划出道道伤口的时候再醒悟？

诚信是一种力量的象征，它使人获得内心的安全感与尊严感。同学们，让我们带着出生时的纯真去感受生活，定有意想不到的收获。

身沐一片灿烂，心系一份执着，带着诚信上路，生活定当更加精彩。

什么更重要

财经管理学院　李晶华琦

有人说过：“这世界上只有两种东西能引起人心深深的震动，一个是我们头上灿烂的星空，另一个是我们心中崇高的道德。”而今，我们仰望苍穹，天空依然明朗，但诚信二字却需要我们再次呼唤。

西安科技大学的魏则西生前在视频中留下了对父母的担忧以及对生的渴求。身患恶性疾病的他，每天经历着常人无法想象的巨大痛苦。他住进了一家在百度上口碑极好的医院。医生称用国外引进的治疗方法能够至少延长寿命20年。听到这话，他开始重新燃起希望。他想着或许某一天能彻底好起来，他想着家人不用再白发人送黑发人，想着自己还能伴着白发苍苍的老父母共度晚年。他每天都在脑海里勾勒着梦想中的蓝图。抱着这些希望，他积极配合治疗。可就在他接受了3次手术、4次化疗、25次放疗，就在他们一家人将希望全部寄托在这家医院后，一位中国留学生告诉他们：“这…是个骗局。”多么绝望的一句话。这个年仅21岁的大学生，还很年轻，还没有发出他的光与热，就带着遗憾离开了人世。难道魏则西真切的期盼与渴求还没那些不正当的合作重要？都说一诺千金，可黄金有价，诚信却无价。千万不要让金钱蒙蔽了我们的心，不要让它买走了我们的诚信！

前辈们都说一个人在社会上立足，最不可缺少的便是诚信。可看看现如今的社会，诚信哪去了？难道襁褓中咿呀学语的婴孩竟抵不上一句“有钱赚”？难道满怀着希望准备迎接新生命的孕妇竟抵不上一句“有钱赚”？难道中国千千万万人的生命竟还比不上无良商家的一句“有钱赚”？

究竟什么更重要？我现在只是一名大学生，考场里抬头看见的第一句话就是诚信考试，教学楼道里贴的便是诚信做人的宣传语。金钱买不走我们的诚信。对于我们，诚信是良心，是做人的根本，是民族的根本。有了它，脊梁才不会垮！有了它，民族才不会垮！有了它，中国才不会垮！

多一点诚信，少一点套路

体育学院　秦畅

秦阿姨和李阿姨合伙开了一家烧烤店，刚开始的时候生意很好，诚信经营。一段时间后李阿姨有了小心思，有时候顾客很多时，李阿姨就会缺斤少两或者在结账的时候把价格抬高一些，当秦阿姨发现这个问题时和李阿姨争执了几次，结果不了了之。久而久之不诚信行为被一些顾客发现了。渐渐的老顾客不来了，新顾客也少了，最后烧烤店关闭了。我想如果当时李阿姨诚信一点，秦阿姨对不诚信的行为制止再果断一点，烧烤店是不是就不会倒闭了。这也让我明白，诚信待人，别人也会真诚地回报你，若不诚信则招人唾弃。因此我要做一个诚实守信的人。

在两千多年前，有一位睿智的老人——孔子，用毕生的精力著书立说，阐述诚信是人生立身之本，是国家立业之本，是人类发展之本。至今，延绵数千年，其伟大的精神早已深入人心，诚信的火炬一直被人们高高举起，代代相传，燃遍中华大地的每个角落，并作为东方文明的精髓传遍全世界。因而，我们今天谈诚信，绝不是突发奇想，而是有历史渊源的。

孔子说："人而无信，不知其可也！"诗人李白说："三杯吐然诺，五岳倒为轻。"成语有言："一言既出，驷马难追。"古往今来都极言诚信的重要。几千年来，"一诺千金"的佳话不绝于耳，广为流传。可见，诚信自古是中华民族的传统美德，是经过漫长历史淘沥而出的赤纯之金。

翻开历史的画卷，讲诚信的例子比比皆是：战国时的商鞅，"徙一木棍而赏重金"是诚信，他的"非常之举"为变法革新鸣锣开道，从而打下了富国强兵、统一天下的基础；日本的滕田，"贴再多的钱也要如期交货"是诚信，他的"吃亏做法"世界传颂，不仅使自己赢得了"银座犹太人"的美称，还为公司赢得了亿万财富；海尔的领头人张瑞敏"处处兑现诺言"是诚信，他的一贯做法不仅激发了广大职工的主人翁的创造热情，也使海尔集团成为走出中国，享誉世界的佼佼者。

可见诚信的力量是多么伟大，拥有诚信，一根小小的火柴可以燃亮一片心空；拥有诚信，一片小小的绿叶可以倾倒一个季节；拥有诚信，一朵小小的浪花可以飞溅起整个海洋……但是，如果抛弃诚信，虚伪的面具将充斥生活的每个角落，生命变得生气全无，友谊之花在凋谢，亲情之果在陨落；撩起人们面前的五彩面纱，露出的是“君子”们变了形的丑陋的嘴脸。这样的世界，流淌着恶浊的血液，飘浮着腐朽的气息，太可怕了。诚信好似一盏明灯，照亮自己，也让别人看清你，我们处事应当光明磊落，坦坦荡荡，与亲朋们诚信相交，坦诚相拥。而不是远离明灯活在阴暗里，背信弃义，招人唾弃。因此让我们展开怀抱拥抱诚信，让我们在诚信中感受温暖，在诚信中憧憬明天，共同来打造一个诚信的家园吧！

诚信的温度

美术学院　唐蜜

我有一个从小玩到大的好朋友，在他16岁那年，他因为偷窃被警察带走了，之后我们和他仍有联系。从一开始的偷窃案，到后面的诈骗案，最后他成了抢劫犯。我从一开始认为，青葱年少的我们难免会犯错，后来也苦口婆心地劝他好好改过。到了他第三次犯罪，我很生气地对他说："你以为你在打游戏，把犯罪当成是关卡，破了一关再挑战下一关吗?"他愣了一下，看着我，他的眼神变得空洞又失落，他有点尴尬地说："就算我有勇气改过，可是也没人有勇气接受我。我犯过罪，再回到学校就像是个异类，我想好好做人，可是学校里谁的东西不见了，老师、同学就怀疑是我拿的，我说不是，他们就逼我打开书包搜查，搜不到东西，不但没人跟我道歉，反而还在我背后议论纷纷。邻居家里遭小偷，警察也跑到我家问，是不是我干的。家人总是骂我，说我给家里人丢脸、是个不孝子。高中毕业后我不能像你们一样上大学，我进入社会，连一份像样的工作都找不到，我的脸上好像被刺了'不是好人'四个字，永远都翻不了身。最讽刺的是，当我跟那些以前一起共同犯罪的人混在一起的时候，我反而感觉比较轻松，至少他们没有看不起我，没有歧视我，没有不信任我。"听他说完，我的心里感觉到一阵刺痛，他抬起头说："我想通了，监狱才是我应该去的地方。"他说完转身就走了，我看着他离开的背影，我不由地感慨：诚信的温度都去哪儿了，难道就不能像我们每个人的体温一样温暖吗?

前段时间，有个好朋友收到他从监狱里的来信。他这样写道：我不想让大家再失望了，等我出狱后，我想先找一份工作，攒够了钱，我就去很远的地方。或许在那里，没人知道我的过去，我可以不用再当一个异类，可以重新开始。看了他的信，我难过极了，十几年来，我们一起长大，从一个青春飞扬的少年转变成一个落寞的青年。我想，如果在他16岁那年，我们都伸出一双温暖信任的手，那么或许他将拥有一个完全不同的人生。

朋友们，如果诚信没有了温度，将如同一把没有握把的尖刀，寒冷且锋利，刺伤别人时也割伤自己。因此各位，当我们面对那些真心改过的朋友时，不要攻击他，不要侮辱他，不要剥夺他作为一个人的尊严和权力，我们要对全世界说："他不坏，他是我兄弟。"让我们给彼此多一点的信任，多一点的温暖，多一点的爱。让诚信的温度因你我而真实存在。

心灵的契约

教师教育学院　何凤利

当我拿到“抱诚守真，以信为本”这个演讲主题时，可把我给急坏了，这个主题让我思考了很久。大概是周六下午，我一个人在学习室里坐了一下午，不停地划掉原本写好的稿子，最后的结果就是我又浪费了一下午，正巧那个时候我感冒特别严重，恼人的头疼加上恼人的比赛，真的成了压倒我的最后一根稻草。我开始动用我的朋友圈子，看有没有人帮我解决这个问题。嘿！还别说，一个朋友的话让我顿时原地复活。他说：“你傻啊！在网上找代写啊，几十块钱就能解决的事。”听到朋友的话我的第一反应就是，天下之大真是无奇不有，互联网真的就是个神器！

我赶忙用手机打开淘宝，输入“代写”，果真有这样的店铺！而且还真不少，什么代写文章，代写新闻稿、演讲稿，甚至情书都能代写，那一刻我的感觉就是淘宝在手，天下我有啊！我兴奋地给室友们说了这个新闻，正当我要下单时，室友的一句话让我放弃了这个念头，他说：“你确定要用淘宝代写的演讲稿，不管怎么说，这毕竟不是你自己内心想表达的东西。”

我犹豫了，的确，那毕竟不是我发自内心想要表达的东西，当我站在舞台上拿着别人的稿子滔滔不绝，企图用真诚的语言去感染大家的时候，我会不会有那么一点点的心虚，因为此时此刻的我就是不真诚的！没有任何一个演讲者能用自己都不信服的语言去说服任何一个人。我放弃了，没有再去找他人帮忙，我一个人在思忖诚信究竟是什么。

这让我想起了我小时候亲眼看见的一件事，那应该是在我读小学的时候，一天下午，我在邻居小伙伴家玩，突然他家门口来了许多车，车上下来的都是些社会青年，小伙伴的奶奶见状赶紧把我们俩塞进了衣柜。我没办法看清楚外面究竟发生了什么，但是我能看见小伙伴恐惧的眼神，能听见嘈杂的吵闹声，感受到小伙伴因为害怕产生的颤抖。那个时候，我抱着她让她不要怕，后来听别人讲她爸爸背着家里人在外面借了高利贷，追债的追上门了，其实这样的事已经不止一两次了。她爸爸刚开始是跟熟人借钱，到后来常常是拆东墙补西墙，以至于后来熟人都不愿意借钱给他，他无奈又找到贷款公司，到最后往往是放高利贷的人找到家里，以武力威胁后她爸爸才会还钱。

富兰克林说过：“失足，你可以马上站立，而失信，你也许永远难于挽回。”

到现在我依旧不能给诚信下一个完美的定义，它可以是校园里一则则寻找失主的消息，可以是一张精致的信用卡，是一张不容背叛的心灵契约。也可以是两根纤小的手指，拉过钩就永不反悔。

用心灵的真诚对待每份信任

文学与传播学院　王昌冉

抱诚守真，以信为本。这句话我们耳熟能详。今天，我不想高谈阔论，我想说说在我们身边的诚与信。

在我们生活的环境里，能做到诚和信的人，一定很多很多，但是不诚不信的问题，也为数不少。例如，市场上的各类添加剂，滴一滴，一碗水要香味有香味，要麻辣有麻辣；在肉上抹一抹，猪肉可以变羊肉，羊肉可以变牛肉。

细细一想，人与人之间相互信任，才会把真诚的心相互交换，真诚对待彼此。但是最近我看到一件让我非常惊讶的事，两个走进婚姻殿堂，本应相互信任厮守一生的人，最终的归宿却是那么让人愤恨。前阵子我认识的一个男孩结婚了，结婚前，女孩向这个农民家庭出身的男孩要了很多的彩礼，再加上买房买车以及各种礼品，一场婚事办下来，小伙竟然花了近 70 万元。我听到这个数字后瞠目结舌，我们无法想象，对于一个农民家庭，双手在土里要刨多久才能刨出那么多钱啊，但是婚也结了，两人一块生活不到两周，女孩却找不到了，带着家里的钱消失得无影无踪。男孩一家到现在仍然在偿还着巨额的债款，并日夜忍受着失信、遭人欺骗带来的心灵伤害。本来应该是很幸福的一个女孩，却因不遵守自己的承诺，抛弃诚信，现在她正被追捕通缉，相信不久就会被绳之以法。有人说，世上最快捷地挣钱的方法都写在刑法上。望大家诚信做人，踏实做人，千万不要失信于人。

诚信，两个字，你可以说，我可以讲，却不是所有人都能做。假如我手上有一张诚信凭证，上面写下了我的名字和诚信，我现在破坏掉它，它还能复原吗？诚信不能再复原，我的名字，我整个人也变得不再完整。在座的朋友们，当别人以诚待我时，我是否要把赤子之心化作那冰冷的欺骗与虚伪呢？我们都一样，对这个世界充满了最好的期待，我们应用心灵的真诚对待每份信任。

鲁迅先生说过，世界上本没有路，走的人多了，便有了路。我想说，世界上本没有人生下来就懂得诚信，让我们抱诚守真，不忘初心！诚信待人，才能收获友谊和尊重。让我们一生与诚信结伴，用心灵的真诚对待他人的那份信任与期待。

人中窥诚

文学与传播学院　刘羽

诚信是什么？请大家看看我手上的这张纸，上面就写着“诚信”两个字。可这真的是诚信吗？请看，诚信办证。让我们来想象一下，他是不是在说：“我对你保持绝对的诚实，为你造一张十分逼真的假证，让你拿去以假乱真，浑水摸鱼，也绝不会被发现！”

再请大家看看我身后的大屏幕，相信不少人都在我们学校的厕所里看到过这些字眼吧：英语四六级答案，100%包过，可过后付款。他又是不是在说：“我保证帮你在四六级考试中作弊，并且一定让你考过，不然就是我不讲诚信了，你可以拒绝付钱。”

2014 年暑假我去成都玩，住在朋友家，无意看到一间屋子里满地摆着大小不一、红红绿绿的证书。而朋友的爸爸杨叔叔就从这个屋子里钻出来，手里攥着一个牛皮纸袋，朝电话里说着：“你放心，我保证做得跟真的一模一样！”就这样匆匆忙忙出门去了。我看了看我的闺蜜，她朝我做了一个“嘘”的动作，叫我保密。不知道在座的各位如果遇到这种情况会如何反应？当时的我做出了这样的承诺：“我保证不会说出去！君子一言，驷马难追！”

当时的我把这样的“保证”当作检验我诚信的巨大考题，可这个考题对我而言，并不像想象中的容易。我从我个人的事件中窥探出了“诚信”到底是不是诚信。

假证书让多少人像王娜娜一样被冒名顶替，再也无法圆自己的大学梦；假疫苗、假奶粉让多少无辜孩童的生命饱受威胁，让多少原本美满的家庭面临毁灭；一切跟“假”字有关的东西冲击着我的大脑，拷问着我的良心，我一次又一次地问自己，如果我自认为的信守承诺给他人带来了苦痛，那还能算是诚信吗？

不，那不是诚信！那是邪恶的推手，是犯罪的帮凶，那是包庇黑暗的遮光布，那是污染社会公信的万恶源！

那不是诚信。

那么诚信到底是什么？诚信又到底是对谁而言？

2011 年 8 月 24 日，山西省一名女孩带着自己的亲生父亲去派出所投案自首，她说："如果我向父亲保证不告发他，父亲从此一辈子都要背负逃犯的身份，而我，也一辈子成了一个不诚信的人。"

终于，在一次又一次的经历与窥探中，我仿佛懂得诚信的真谛。也许有时候我们对于某个人、某个承诺的坚持，实际上是对大众的欺骗，那不是真正的诚信。诚信基于理性之上，基于社会公信之上，它是凝重的砝码，放在道德的天平上不偏不倚；它是山涧的流水，洗尽铅华，洗尽躁动，洗尽虚假；它更是朗耀的明月，无愧于心，自相皎洁！愿我们拥有真正的诚信，这是一股可立于天地之间的浩然正气！

留下心中那片净土

文学与传播学院　沈建华

我来自大凉山，那是令我魂牵梦萦的地方。

早在春秋时期，曲涅、古侯两支彝族先民从云南昭通横渡金沙江迁入凉山，开启了彝人在凉山地区两千多年的繁衍生息。高山长河提供的生态场域相对封闭，孕育了淳朴的山民。在彝人的信仰里，诚信不可不至上！为了维护社会的诚信之风，彝族先民制定了许多规则，有的甚至沿用至今，影响着当代彝人的言行。举个例子，两姓缔结婚姻，一方若是反悔，必须付出严重的经济代价。但随着商品经济的发展，凉山传统不可避免地承受着外来的冲击。在内外矛盾调试的过程中，人们有了许多前所未有的体验，对物质的力量尤其感受深刻。开始有人为了逐利，铤而走险，偷盗、贩毒、买卖人口……可谓无所不用其极！面对这混乱不堪的现实，胸怀民族热情的年轻彝人怎能不陷入深思！昔日蔚然的诚信风气、高贵品质去了哪里？改革开放为人们提供了许多健康的发展机会，为什么总有人选择走上犯罪的道路？为什么总有人要在心中净土上撒下了罂粟的种子？每每想到有我的族人在人生的路途迷失，失却了宝贵的淳朴与诚信，我与志同道合的朋友们总感到痛心和忧虑。

究竟何为诚信？

作为中华民族的传统美德，诚信一直备受推崇，但它从不复杂。其实，在座的每一位按照事前的计划准时出席今天的演讲比赛，便已经是诚信。可惜，越是简单的品质越难坚守……今天，诚信竟面临着叵测的人心。假烟、假酒、假药、假种子、假文凭……凡此种种，不胜枚举！人而无信，不知其可也。失去诚信的人呐，最终将失去发展空间，失去同伴的支持，失去人格与尊严！我虽哀诚信之式微，亦庆幸有担当之辈坚守诚信，熠熠生辉！生于凉山州木里县的王顺友于2005年被评选为感动中国十大人物之一。20年来，他在雪域高原跋涉了26万千米，相当于走了21趟二万五千里长征，绕地球赤道6圈。他每年投递报纸8 000多份，投递准确率达到100%。20年中，他一个人跋山涉水，风餐露宿，只为按时地将邮件送到每一位客户手中，20年间，他一路奔波，无畏苦痛，为人民送去党和政府的温暖。

20年间，他战胜孤独，与马作伴，只为将时代发展的声音传到雪域高原的村村寨寨。一个人、一匹马和一颗温暖的心向我们诠释了何为诚信。工商银行位居中国五大银行之首，它能够在银行业中独占鳌头，所凭借的便是布局合理的营销网络，以及广泛而优质的客户基础。而这两点，无疑都是需要诚信做前提的。正是因为立足诚信，工行才脱颖而出！

诚信是一盏明灯，当我们徘徊在真理前方时，正是诚信引导我们走向辉煌；诚信是一根拐杖，当我们摔倒在利益面前时，诚信助我们在荆棘丛中无畏前行；诚信是一盆清水，当我们被浮华弄脏了双手时，正是诚信助我们洗尽污垢，净化心灵。

祖国在高举中国特色社会主义道路伟大旗帜的同时，我们要跟上脚步，抓住机遇大力发展，希望我们身边能够涌现出越来越多的王顺友，为市场经济所需的诚信体系尽一份绵薄之力。

最后，愿在座的每一个人都能抱诚守真，以信为本。愿每一个人都能留住心中那片净土，

愿我们的祖国欣欣向荣，繁荣昌盛！

信为水汝为舟

财经管理学院 魏羽婕

司马光曾说："不宝金玉，而忠信为宝。"从古至今，"诚信"一直是我们中华民族的传统美德。现在我们更是大力提倡"诚信做人，诚信做事。"有人会说，诚实做人，有什么难的！说真话不就行了！然而真的不难吗？

想必大家曾经都听说过一个故事，一个老国王为了选出继承人，就用炒熟的花种来测试孩子们的诚实度，最终那个手捧空花盆的孩子得到了国王的青睐。在利益面前，诚实做人，难能可贵。

今年元旦，我做了出游的计划。我先从学校打车去达州汽车站，然后再去重庆机场搭乘飞机。清晨本就是打车高峰期，我给司机报了目的地后司机犹豫了一下说有点远，收我40元钱，当时一听吓了我一跳，怎么会这么贵。但在司机反复强调人多打不上车等诸多问题下，我还是妥协了。然而，20分钟后，他便停车了。我一脸茫然地环顾四周，这里有点眼熟啊，而且怎么这么快就到了。我问他到了吗，他说到了。我又问，这里是汽车站吗。他说是啊。我便半信半疑地下车，刚一下车司机就把车开走了。我问周围的人这是汽车站吗，他们说是火车站，汽车站还远着呢。我看了看时间，匆忙乘出租赶去了汽车站，庆幸的是赶上了车。我的内心五味杂陈，心里对于陌生人的信任度降低了。可能我们内心的信任感，就是在这样平常的一些小事中慢慢消失的。朋友聚会你迟到两三次，别人便会认为你不守时。考试作弊一次，别人便会认为你事事投机取巧。借钱不还，别人便认为你这人人品有问题，不值得深交。因此，在生活的点滴小事中，我们就要做到言必信，行必果。想要建立与别人之间的信任感，首先我们自己要做到言行统一。

有人说诚信很小，它只代表了一个人的品质，不会影响大局。然而早在古代这个观点就已经不成立了。春秋时期，商鞅"立木为信"，聚拢民心，实行改革。而早在它的四百年前，同样的地方，一场"烽火戏诸侯"把周幽王与周国推向万劫不复。这样的对比，就足以说明诚信已经不仅仅是个人的事情，它更是整个国家整个民族的向导与希望，它能成就一个王朝，也能毁灭一个时代。

因此，诚信不仅是自己的事情也是国家的事情。我们听过太多狼来了的故事。我们要把诚信这种美德一直传递下去，把它当作一种信念，一种财富，一种智慧，一种无可取代的力量。为了我们明天更好地生活，为了国家和民族更快更强地发展，请不要深陷于尔虞我诈之中，让我们以真诚、热情交还给诚信一方净土，让我们在这方净土上成就更好的自己、更强的中国！

最近的诚信也是最贴心的信任

财经管理学院 张笑焰

今天来到这个舞台，想和大家分享一个令我感动又敬佩的人身上的故事。

他叫何兴武，一个年近八旬的老人。他的一生深深地触动着我 19 岁的心灵。1994 年 9 月，何兴武和从事特殊教育工作的周氏两兄弟，创办了一所特殊的教育学校——“三联特殊教育学校”。可是办校不到 5 年，周氏兄弟先后因病去世，临终前，他们嘱托何兴武一定要将学校继续办下去。何老先生只说了一个字：“好！”就因为这一好字，这位可敬的老人，凭借瘦弱的肩膀，19 年来支撑起一片爱的天空，300 多名边远山区的聋哑孩子在爱心的呵护和教育下健康成长。由于学校的学生大多来自偏远山区，家庭条件普遍困难，学校将学费最大限度地减少到每人每学期 1 590 元（含吃住）。尽管如此，能如数缴纳学费的学生仍只有极少数，大多数学生每学期只能缴 500 元左右。学生没有钱缴纳学费，怎么办？因为当初的一个好字，一句简单的承诺，何老先生用自己和爱人的退休工资替学生缴了学费，自己和爱人的生活过得异常节俭。因为穷，学校买不起昂贵的菜。大多数时间，孩子一周最多只能吃上一两次肉。为了能买到更便宜的东西，让孩子们多吃一块肉、多吃两棵青菜，年近八旬的何老先生蹬着三轮车到批发市场买菜，一个来回就要花上 4 个小时，在这么多年重复的四个小时的路途中，何老先生不知道摔了多少跤！但他从没对任何人抱怨过，哪怕一次。就这样，在何老先生的影响下，他的家人从开始的不理解和反对转变为现在的理解支持。如今越来越多的人关注着三联学校，多家媒体报道过何兴武老人的感人事迹，而面对着镜头，何老先生只是笑笑说：“只要我还能动，我就一定把学校继续办下去。”

对孩子们来说，三联学校是他们的“家”，是他们躲避世俗偏见的“港湾”。这里没有异样的眼光，他们就像兄弟姐妹一样。在三联特殊教育学校，孩子们不仅汲取了知识，还收获了幸福。而这一切，都源于何兴武对友人嘱托 20 余载的笃定以及对孩子坚定厚重的爱意。

诚信是做人最基本的原则之一，它不仅是一个人安身立命的根本，更是中华民族传承的理念。康德说：“这世界上只有两种东西能引起人心深深的震动。一个是我们头上灿烂的星空，另一个是我们心中崇高的道德。”而今，我们仰望苍穹，天空依然璀璨明朗，而俯察内心那些崇高的道德法则，我们难道不需要再次呼唤诚信吗？

所谓诚信

教师教育学院　王亚兰

能站在这里同大家分享我的演讲我感到很荣幸。特别是在这种群英荟萃的日子，我相信思想的碰撞肯定会使现场的气氛更热烈。有首歌的歌词写得好：“春暖花开，这是我的世界，每次怒放，都是心中喷发的爱，风儿吹来，是我和天空的对白，其实幸福，一直与我们同在。”大家是不是都渴望能生活在这种春暖花开、没有欺骗、没有伤害、只有温暖的世界里呀，那今晚，我就同大家分享这样的世界里，最不可缺少的东西——诚信。

诚信，简单来说，就是对人真诚、讲信用，即言必行，行必果，所谓一诺千金、一言九鼎就是讲诚信的重要性。在如今这个社会中，我们能否坚守本心那份诚信，能否抵抗金钱的诱惑，能否在前进中不忘初心？很显然，一些人没能做到，他们选择了卖毒胶囊，使用地沟油，加瘦肉精，做假新闻、假文凭、假证书、假产品，等等。他们疯狂地通过这些虚假的行当牟取暴利，他们疯狂地贱卖自己的诚信以换来所谓的名利。看着这些，我们不禁感到痛心。而他们贱卖自己的诚信，大多也承受了惨痛的代价，受到人们的谴责和法律的制裁。

说到这儿，大家或许对诚信缺失的感觉还没有那么强烈，那接下来，我要分享的，可能会让大家体会到诚信缺失的重要性。比如说，在职场中打拼的一些人，总在想为什么我努力工作这么久，还是没能提升？在生活中的一些人，总在想为什么我的朋友越来越少？为什么大家都不喜欢我？可我们不曾想起，那次说好的上午九点钟开会，你九点十分才来，你的守信丢在哪儿了呢？那次向朋友借了五元、十元、二十元，你后来连一元都没提起还过，假装忘记，你的诚实又丢在哪儿了呢？那次放在教室外的雨伞，说丢就丢了；参加无偿活动时，说好的吃住全包，说变就变了。诚信呀！在大家口中说不要就不要了。诚信，也就在这些一件又一件的小事之中被消磨掉了。如果我们再不呼唤诚信，那我们又该怎样去相信别人，又该怎样去与人相处，实现自身价值，得到别人认可呢。

于是，大家在这样的环境里无助地、迫切地呼唤诚信，而呼唤诚信的原因那又是什么呢？诚信可以约束、规范和调节企业和商人的行为，营造积极向上的社会氛围。同时，它也能唤醒处在迷惘中的人们，让他们在自身的反思中豁然开朗，让他们明白工作的不如意、生活的不如意原来跟诚信有关，让他们懂得与朋友相交要讲真诚，做事要讲诚信。而对于现如今的我们来说，培养“三心四能五复合”的优质人才，缺不了诚信这一基石。

愿诚信之花，永远盛开，人人学会诚信，社会充满正能量，充满温暖，这恰好也是我们所追求的世界。

最后，送给大家一句话：对人以诚信，人不欺我。对事以诚信，事无不成。

人生需要信任

教师教育学院　黄聚

在演讲之前，我想问大家一个问题。信，是什么？大部分人应该都会回答：诚信、信任、信誉。当然也会有人思维比较跳跃："信嘛，一纸黑字的书信嘛，这个回答没错吧？"没错！中华文化博大精深，信的含义有很多，这些回答都没有任何问题，因为谁都不知道我问的是哪个信，那么谁又会知道从小到大父母老师教导我们的又是哪个信呢？

我不知道，我也不在乎，每次父母讲得热火朝天的时候，我都是左耳朵进右耳朵出，甚至他们第一次跟我说这个的时候，我还在为自己昨天偷偷修改成绩没被发现而沾沾自喜；每次和同学约定一起出去，到了时间我却没有出现，原因很简单，去与不去都是看我心情，久而久之，再没有同学愿意和我一起了；在老师家长眼中我是个优秀的孩子，几乎每次考试我的成绩都能位列前三，做到这点其实很简单，只需要在考试的时候带上提前准备好的小抄，充分利用各种"时机"，就这样我带着所谓"学霸"的光环走进了大学。

在大学，我除了作弊还尝试了许多新鲜事物。例如，我到处借钱吃喝玩乐，但从来不还；为了在学生会和社团中往上爬，我将自己合作许久的伙伴一脚踢开，并且抄袭其他团队的成果。纵然我背负着很多骂名，但是我一点也不在乎，因为我有了名誉，因为我有了权势，因为我有了我想要的一切。四年后，我带着别人一辈子都争取不到的名誉走进了社会，看着手中耀眼的简历，我却不屑于找工作，我着手准备创业，创业嘛，当然要选择高收益低成本。因此瘦肉精、染色馒头、地沟油便成了我的第一创业选择，于是我兢兢业业三十年，打通无数关系，得到无数财富，这些是我一辈子甚至是十辈子也花不完的。

有一天我走在城市里最繁华的街头，灯红酒绿，车水马龙，我就这样漫步在街道上。突然我看到饭店门口那些含泪相拥的身影，他们嘴里还在不停念叨着好久不见、这些年你过得怎么样，慢慢地，我与他们擦身而过。其实我知道，他们就是我的大学同学，多年未见的大学同学，如隐形人一般与他们擦身而过的刹那，我的心中突然出现了前所未有的孤独，即使身处在最繁华的大街，拥有着别人无可匹敌的财富，可我一点也不觉得快乐。名誉和财富充斥我的一生，为什么我并不觉得幸福？我拿出手机，想找一个人倾诉我心中的孤苦，可是，我突然发现，我不知道打给谁，不知道还有谁会相信我，更不知道还有谁会在乎一个从开始就丢掉诚信的人！我很绝望，当我以为我拥有了一切，最后却发现这一切不过是镜花水月。

值得庆幸的是，这只是一场梦，一场很长很长却有些真实的梦，当我睁开眼看到的还是那个熟悉的宿舍，还是那群常常打闹在一起的室友，还是那些每天叫我起床陪我散步的同学。这个现实维度没有勾心斗角、众叛亲离，也没有名利和财富的巨大诱惑，我更没有因一己私欲而不择手段，有的只是互相信任的幸福和问心无愧的坦荡。

我没有讲太多的大道理，没有讲一语惊天地的总结，更没有能力带动所有的人为了社会安定和谐、国家繁荣昌盛去讲诚信。最后，我只想告诉大家，纵然你不惧道德的批判，纵使你无畏法律的制裁，但是请你不要辜负身边那些愿意相信你的人，他们并不是拥有比铁还坚硬的心，不怕伤害，他们只是在乎他们生命中最重要的人。

请别对自己撒谎

外国语学院　敬进涛

曾子杀猪、狼来了是大家耳熟能详的故事，是人与人之间的诚信事例。那么自己本身的诚信是否坚守了呢？自己是否是披着伪善面孔的说谎者呢？下面是我了解的一些同学们的现状：

小明同学学习成绩一般，拿不到奖学金，上课不听讲，上自习不自律，考试靠突击。同学帮一把的话小明每科也能考到六七十分。他不甘心拿不到奖学金，他说自己够认真努力的话也可以拿到奖学金。于是小明开始上自习，泡图书馆，不过只坚持了一星期。

小丽同学几乎没有特长，不会跳舞，不会画画，想学摄影却不会用用软件处理图片，想上台演出却没信心。学校举行比赛和活动的时候，小丽经常是站在台下围观的人群里的一员，与聚光灯环绕的舞台几乎绝缘。她不甘心自己什么特长都没有，于是她开始学画画，在图书馆借阅摄影方面的书籍，平时常对着镜子微笑着说："我是最棒的。"这份虚假的信心维持了一个星期。

小强长相一般，稍稍装扮一下也很普通，与人擦肩而过，对方不会多留意他一眼。感情也是一般，小强有时候会遇见自己心仪的那个人，但是总抓不住机会，眨眼间那个人就被其他人俘获，他开始伤心、抱怨，但是几天之后又开始寻找新的心上人，就这样看着一个个心上人走过，直到他毕业，他与其中的任何一个都没有交集。他不甘心自己没有伴侣，反省悔改，删掉了电脑里的游戏，收拾起床上的懒人桌，把床铺弄好。然后他洗了个澡，往发型上喷了啫喱水，好让自己看起来精神抖擞，并决定多出去走走，觉得将来是多么光明！这样的状态，他稀稀拉拉地坚持了一个星期。

一个星期之后，他们三个还是和一星期前的自己一样。

我们身边的同学或许都有着以上三位同学的影子，心血来潮，却又三分钟热度；立志改变，却又半途而废；褚小怀大，却又心比天高。

鲁迅曾说道："浪费自己的时间，等于慢性自杀。"这是一句极富批判性的话语。但我们需要成长，需要宽容和引导。我喜欢鲁迅的那段话："愿中国青年都摆脱冷气，只是向上走，不必听自暴自弃者之流的话。能做事的做事，能发声的发声。有一分热，发一分光。虽如萤火一般，也可以在黑暗里发一点光，不必等候炬火。”

请别对自己撒谎，我们应争做那一分热、那一分光。驱散内心的谎言阴霾，喜迎璀璨阳光的照耀。我坚信，中华民族的复兴之路必将因这成百上千的光与热而熠熠生辉！

真话的力量

财经管理学院 李森

当我在酝酿这篇演讲稿的时候，我发现有一点很可怕，那就是我不自觉地将我的重心——要如何向大家传递我想说的话变成了要如何应对一场比赛。在我绞尽脑汁地想我该如何写出一篇好的演讲稿的时候，很多人过来跟我说，这不过是一场比赛，网上有那么多好的演讲稿，好的演讲视频，你去随便找一份修改一下，应对初赛应该是没有问题了。尽管并不赞同他们的话，但我还是去看了很多演讲的视频，想要找些灵感，让我吃惊的是，我无意间发现有三位不同的演讲者在不同的时间演讲了同一篇演讲稿，题目一样，内容一样，甚至连演讲时用的道具、做的动作都一样，我不知道该怎么描述我当时的心情，只是觉得有点可笑，一个主题为诚信的比赛，选手的稿子竟然都是假的……

但我们身边也有着这样一些人，他们不会站在舞台上大谈诚信，却用着最朴实的行动告诉我们诚信最可贵。

在2013年去世的感动温州十大人物，吴乃宜，他就是这样一位特别的“实干家”。这位本可以好好享受自己晚年的和蔼的老人，2006年的桑美台风中他丧失了他所骄傲的一切，这场灾难带走了他三个儿子的生命，带走了他崭新的渔船，带走了他最美的憧憬，本该好好享福的他，却在这年白发人送黑发人，承受了生命不能承受的痛苦。这一切就像一道晴天霹雳让他来不及反应，他迷茫过，也想过就这么撒手人寰，可是还有欠下的80万元的债啊，这是别人的血汗钱，这是别人对自己的信任，这更是关乎自己一家人的诚信啊，80万元，这可能就是一个普通人一辈子的财富，可是77岁的他却毅然决然地选择了子债父还。他卖掉了打捞起来的渔船，他去捡垃圾，他去踩三轮，他可以每顿只吃盐水煮出来的白菜，七年没有买过一件新衣服，就算过年了，他家里也开不了一顿荤。就这样，每个月只有300元低保的他硬生生还掉了30多万元，甚至在去世的前一刻他还对这一切念念不忘。感动温州十大人物颁奖词这样写道：“失去儿子的痛，化为替子还债的愿。他用老百姓最朴素的方式，告诉我们诚信的含义。他很贫穷，也很富有。诚信，就是他最大的财富。”

我想，在座的各位从小都被教育要说真话，说真话是有力量的，但是那些告诉我们要讲真话的人却忘记告诉我们说出真话的代价，以至于我们常常在纠结，是要讲真话，还是要讲假话。就像是超级演说家刘媛媛说的那样，现实生活是一种很神奇的生活，在现实生活中，那些尊重规则的老实人往往一辈子都默默无闻，反倒是那些弄虚作假的人最后名利双收。的确，这个世界太大了，我们总是要的太多，但其实一点点就够了，如果今天在座的每一个人能因为这场比赛而改变一点点，那么我们的社会就会变得更好。

我是你的眼

财经管理学院　许海霞

朋友们，你们能闭着眼睛走路吗，你们能想象一个盲人的世界是什么样的吗？也许有人会说：盲人的世界不就是一片黑暗吗，有什么可想的。真的是这样吗？我有一个堂弟，他叫多多，今年十二岁，就读于一所盲人学校。多多在一场大病中失明的，这意味着他不能和普通的小孩一样念书、看电视、玩游戏，甚至不能看见自己爸爸妈妈的模样。失明，还意味着，他走路需要别人牵着，吃饭需要别人将饭菜夹到他碗里，哪怕是一件我们所有人看起来都很普通的事，他也需要在别人的帮助之下才能完成。去年我与多多相处了几天，我发现失明并没有剥夺他快乐的权利，他依然乐观向上地面对每一天，很少有难过的时候。可就在我与他告别的那一天，他那双缺乏神采的眼睛却红了，他问我："姐姐什么时候还会再来看我呢。"我当时没有多想，只是随口一说："如果哪天你能靠自己的能力去做一件事，我就再来看你。"

渐渐地，我回归了自己的生活，而多多也慢慢地从我的回忆里淡去。在很多天之后，我接到一个陌生号码，里面传来一个熟悉的声音："姐姐，我是多多呀，你想我吗，我已经会独自给你打电话啦，姐姐，那你什么时候还会再来看我呢。"我没有说话，因为拿着手机的我已经是泪流满面。其实我早已把对多多许下的承诺抛到了九霄云外，可我没想到他却一直记得，并且他做到了。我很难想象看不见的他是如何一个一个地按出我的号码，我也不知道他到底打了多少个电话才打通了我的手机。在那一刻，我的眼前浮现出了多多那双永远无法聚焦的眼睛，从那双眼睛里我看到了一个很多人都看不到的世界，那个世界干净纯粹，所有的人都是善良的，所有的人都是诚信的，不存在任何欺骗。

可现实生活呢，我们能够看到这个世界，但并不意味着我们就一定能够看清这个世界。人们总说眼见为实，但是现在又有谁能保证你们看到的这个世界就是真实的呢。人们都会面临各种诱惑，很多时候会被利益蒙蔽双眼，还有很多人习惯戴着面具生活，哪怕是面对面，我们也无法看透他们的内心。人与人之间缺乏信任，难以真诚地去面对别人，这个世界，到底是怎么了？

也许，拥有最少的人往往是最幸福的，随着社会的发展人们会变得越来越富裕，但人们的内心却变得更加贫乏了，一些人总想着通过各种手段去得到更多东西，一些人因此丢失了一样做人最重要的东西——诚信。我们每天都在强调待人接物要诚实守信，可大家真的做到了吗。学校里学生考试作弊的现象依然存在，社会上黑心商家卖假货的现象依然存在。其实，我们想要做到诚信很简单，用真心说真话，实现对别人的承诺。如果我们想要创造一个诚信的世界，我们每一个人都要付出努力。

我很喜欢毕淑敏的一句话："我们可以不美丽，但我们健康；我们可以不伟大，但我们庄严；我们可以不完满，但我们努力；我们可以不永恒，但我们真诚。"我一直在等待着那一天的到来，那一天，世界上将不再有谎言，而诚信作为一种信仰存在于每个人心中；那一天，我会成为多多的眼睛，我想理直气壮地告诉他这个世界的风景是多么美丽，这个世界的人们是多么友好。等到多多重见光明的时候，也许他会笑着对我说："姐姐，这个世界，和我想象中的一样美好。"

寻“根”

财经管理学院　何文杰

不知道大家是否看过《料理鼠王》这部电影，一个世界第一名厨也无法满足的刁钻食评家，最后被男主角“小老鼠”的一道普罗旺斯炖菜搞定。食物送进嘴里的那一刻，食评家的脑海里闪现出童年时期眼巴巴地等着母亲炖出一锅汤给他解饿的场景。然后，他对着这盘廉价的法国家常菜，潸然泪下。

其实，生命里很多最初最本真的场景，是我们永远也到不了的远方。因为我们永远都在路上，回不了头。直到某天我们万水千山走遍，山珍海味吃遍，才发现最让我们感动的，竟然是这样简单的，融合了色香味的一种情愫。这些哪怕我们走到天涯海角也牵动着我们的记忆，就是我们的“根”，而这种情愫，就是我们对于“根”的情结。

而今天我要讲的，就是一个关于寻“根”的故事。

这一年，曾祖母终究没有熬过凛冽的寒冬，全家大小回老家安葬好她之后，父亲便带着我在村落周边转悠。这是我第一次来到老家，一路上父亲一直告诉我，这里就是他的根，是他梦开始的地方，也是如今幸福生活最初的模样。我感受着这里的守旧和迂腐，不懂父亲话里的含义。

路过邻居家的庭院，深冬里的红橘树已经密密麻麻地结出了很多果实。父亲告诉我，小时候因为贪吃，放学后总爱带着一大群孩子来这儿占便宜，邻居家一开始也是忍着，后来橘子被摘多了，也不免向爷爷抱怨起来，结果就是父亲被结结实实地揍了一顿。这还不算完，哭哭啼啼的父亲被爷爷领着到邻居家道歉，当时爷爷还向邻居许诺，虽然家中没有橘子，但会还他们家一斤玉米。邻居摇摇头，想想还是算了。可爷爷性格执拗，谁劝也不听。

在20世纪80年代的农村，一斤玉米对于有着三个孩子的家庭意义重大，加上已是深冬，家里粮食本来就不够，爷爷守在米缸前叼着他的叶子烟沉默了许久，烟雾缭绕里，只听奶奶一直对爷爷骂道：“你就是个傻子!”爷爷的确傻啊，那一年的冬天是怎么过来的父亲不记得了，唯一印象深刻的是爷爷把一斤玉米递到邻居手中的场景。“你还真拿来了啊”，对方显然觉得不可思议，“这是我们家大崽子欠你们的，我说到做到”，爷爷的表情异常坚定。

说到这儿，父亲顿了顿，他看了看我，继续道：“我做生意做了三十多年，每当经营惨淡的时候，也有很多精明的生意人建议我用些聪明的手段，但当我想要投机取巧的时候，总想起那个冬天被你爷爷送出的那一斤玉米，它沉甸甸地在我心中扎了根，让我坚守着诚信，坚守着仁义，走到了现在。”我回头看了看屹立在寒风中的红橘树，在那样艰苦的年代里，几个橘子换一斤玉米，谈不上是公平的买卖，而爷爷却以这样一种心甘情愿的姿态，教会了父亲如何坚守住心中最质朴、最珍贵的东西。而我也在这样的深冬里，寻找到了父辈们心中的“根”。

寻根，从来不是衣锦还乡时的风光，那些遗落在历史洪流里的优秀品质难能可贵。诚信文化本应栖息在每个人的心中，却不知何时被打落神坛。我们是在森林里迷路的人，需要从走过的路上找到前进的方向。在每一个岔路口处，我们都该回头看看那些生命里最初最本真的场景，它指引着我们坚守住内心的诚信准则，这是信仰的光芒，这是来自“根”的呼唤！

向着光亮那方

文学与传播学院　马蕊蕊

在演讲开始之前，我想先跟大家分享一条微博。博主是我非常喜欢的作家，大冰。这条微博是他为自己的一个学生读者转发的。这位学生读者是江西的一名女大学生，她为了减轻家里负担，在放假的时候去一个海洋乐园门口做兼职，不料却被外地游客骗走了 1 000 元钱，而这是她一个月的生活费。走投无路的她只好通过网络的力量维权。她通过微博联系了很多人，包括一些当地的媒体和记者。但是只有大冰回应了她，并且主动利用自己的人脉资源替她维权，同时也提供了物质上的帮助，但是女生拒绝了。她给大冰发的私信里有一段话特别打动我，她说，我不喜欢这个世界的黑暗，我爸爸也说过我，说我傻，进了社会一定吃亏。但我希望我还是会给这个时代带来光明，哪怕只有一点，我都不会放弃。

在大冰还有各路媒体记者以及广大网友的帮助下，历时六天，终于维权成功。由此可见，社会上维护诚信的人还是很多。大冰后来也发微博说，捍卫诚信，既是捍卫底线，也是捍卫我们的良知。

然而，在如今这个时代，捍卫诚信者有之，背信弃义者不少，我们发现，诚信的光芒在逐渐消退，人与人之间经常互相猜忌，互相怀疑。我们开始抱怨人心险恶、社会黑暗。

可是身边总有一些人，始终坚守诚信，向往美好：四川省广安市 68 岁农妇吴全珍目不识丁，靠做农活、捡废品，用 16 年时间还清了丈夫生前欠下的巨债；山西太原一彩票店店主代客人买彩票中 855 万元，诚信奉还；湖南衡阳一家“自助包子铺”营业 14 年，至今未发现少钱和假钞；我相信每个人看到这些新闻都会跟我一样想竖起大拇指为他们点个赞！正是因为他们，我们才看到了诚信的光芒下的社会有多么美好。

因此，与其抱怨自己身处黑暗，不如提灯前行，我们可以在自己存在的地方成为一束光，照亮世界的一角。

国家主席习近平在印度尼西亚进行国事访问时发表过一篇重要演讲，他在演讲中提到中国将从几个方面与东盟国家共同努力，其中第一个方面就是要坚持讲信修睦。他强调，人与人交往在于言而有信，国与国相处讲究诚信为本。

我们每个人都是祖国的希望，尤其是作为年轻人的我们，更应该抱诚守真，以信为本。我们选择了诚信，就是祖国选择了诚信；祖国选择了诚信，就是选择了繁荣昌盛，选择了光明的未来！

最后，我想用北京电影学院崔卫平教授曾经写过的一段影评与大家共勉："无论中国怎么样，请记得，你所站立的地方就是你的中国，你怎么样，中国就怎么样，你是什么，中国就是什么，你有光明，中国就不再黑暗！"

朋友们，让我们一起向着诚信那方，前行！

功利，在诚信面前一文不值

政法学院　王伟

天下熙熙，皆为利来；天下攘攘，皆为利往。不可否认，如果没有对功利的追求，人类便会失去前进的动力。但追求这些应有一个前提，那便是恪守诚信。

2017 年 4 月 20 日，107 篇中国学者论文涉嫌造假遭撤稿，数量达最高纪录。于是有人说，中国学术之风早已不正，抄袭欺骗这样的事情还会继续。我并不赞同，这并不是所有人。

2017 年年初，共享单车成了最热门的话题。全国连发多起共享单车被贴虚假二维码的诈骗事件。又有人说，中国国民素质低下，共享单车的运行只会放大这些缺陷。我反对，这不代表全中国。

每当诸如此类为了功利而造假的事件在社会上掀起种种关于诚信危机的大海啸时，我向来反对以最坏的恶意揣测中国人，我不相信社会竟会黑暗到这地步。然而，层出不穷的造假事件，犹如重磅炸弹，早已将我炸得遍体鳞伤。地沟油、染色馒头、毒胶囊，一个个为了功名和利益而不惜出卖人格与尊严的例子，让我不得不开始反思。或许，社会的诚信危机已经发育成了一颗巨大的毒瘤！它即将依附在每一个有良心的中国人身上。但是，偌大的一个国家，真的就堕落到这般田地？想我堂堂大中华，上下五千年文明古国，竟何至于此？功利二字，竟教人以生死相许，竟教人以尊卑相抵。

改革开放后，国家发布过很多关于社会信用建设的文件，但过了那么多年，我们的诚信建设却依然让人担忧。美国企业家王安曾说："人之所以失败，多半是因为搬起石头而砸了自己的脚。"多少本是前途无量的人，只因不讲诚信而毁了自己的清誉，又有多少原本默默无闻的老字号，仅凭恪守诚信便长存于喧嚣尘世。试想，作为一个社会人，如果连最基本诚信都做不到，那么，有谁会尊重我们，信任我们。如果我们都对功利趋之若鹜，那么，我们又有什么资格来教育子孙后代。

诚信就像一个砝码，把它放在生命的天平上，摇摆不定的天平就会倾向它；诚信更像高山流水，能够洗尽铅华，使社会充满真情。

因此，解决诚信缺失问题已经刻不容缓，我们再也没有任何借口来搪塞，这是一场战争，一场和人心贪欲殊死搏斗的战争，战争的号角已经吹响。现在，让我们每一个讲诚信的中国人，每一个有良知的中国人，立刻行动起来。我们用诚和信影响他人，改变社会。虽然我们的双手还很稚嫩，但我相信，只要我们矢志不移，定能建设好和谐社会。

十年的老账单

智能制造学院　刘兰

十几个小时前我在老家无意翻到破旧的家庭账本，在账本的第一页就歪歪扭扭地写了几行字：2005 年因修建房屋借大哥严富才 10 000 元，借二哥刘玉坤 2 000 元，借三舅张昭其 2 000 元，借小姨张昭银 500 元，银行贷款 20 000 元，共计 34 500 元。我知道，这是我那只有小学三年级文化水平的爸爸写的。

十多年前的今天，3 万多元人民币，对于仅能够维持生计的家庭来说可谓是一笔巨款，而正是因为这笔账，我成了留守儿童，跟着外公一起生活。那时候的我仅 12 岁，刚上小学六年级，我并不理解父母为什么要扔下我，甚至有些抱怨。他们出发的那天我哭着闹着不让他们走，眼看着他们坐着车就要离开，我追了很远很远，我知道，父母就是因为这笔欠账抛下了我，最后我只能蹲在路边号啕大哭。我胆子很小，每次一打雷我就会被吓得缩成一团，动也不敢动，晚上睡觉时，只要一关灯我就会想爸妈，也只能一个人哭。爸妈走之前去隔壁村买了两头猪崽子，对我说：等你把这两头小猪喂肥了我们就会回来了。于是我每天放学回家就去割猪草，打扫猪圈，早上五点就起床煮好猪食喂猪。有一天，我像往常一样回到这个十分冷清的家，路过外公的房间时发现他睡着了。我走上前去叫了他两声，可他没有回应我，我摇了摇他的身子也没有一点反应，我把两根手指放在他的鼻子处，一秒两秒，竟然没有感受到一点气息。我根本就无法相信，外公离开了，现在家里就只剩下我一个人了。那晚我守在外公的床前，一整夜没有闭眼，连夜从安徽赶回来的爸妈也没能见上外公最后一面。我觉得外公走得很安详，因为他知道我懂事，知道他的儿女很棒。我妈哭着说："这辈子最对不起的人就是我外公，可是我们家穷，再穷也得守信用，再穷也要对得起自己的良心。"这是父母教给我的诚信，足以让我受益一生。

而十多年以后的今天，我如约地从几百千米以外的地方赶到演讲现场，这也算是一种小小的诚信。小时候我对妈妈说过这样的话：我会努力赚钱养你的。现在我也在努力学习，兑现我的诺言，这是我对父母的诚信；因为我小时候得到了社会的许多帮助，所以我也将继续在这个夏天去大凉山为山区的孩子带去一份温暖，这是我对社会的诚信。今天，我想在这里对自己说：你做到了，刘兰，你真的很棒！

夜空中最亮的星

建筑与工程学院　陈孝贵

今天我演讲的题目是《夜空中最亮的星》。每当听到这首歌，我都会相信那双眼睛只会流被赤诚感动的泪，那颗透明的心一定是诚信之心。

上周我在老校区旁的南坝市场无意间看到了这样一块小黑板，上面写着几个醒目的大字：某某街失信人员名单。看到这样的画面，我感到很痛心，天下熙熙，皆为利来；天下攘攘，皆为利往。在我们的生活中，因利失信的现象比比皆是，诚信缺失居然成了常态，长此以往社会焉能发展？从孔子时期的“讲信修睦”到当前的社会主义核心价值观，诚信教育贯穿中华民族的始终，也在华夏的每一寸土地上生根发芽。而个人与社会的信用值，小家与国家的诚信度，都是从承诺开始的。

我有一个这样的邻居，他是一位年过六旬的退伍老兵。早在2014年，他的儿子向朋友借了1万元后便杳无音信，家里有个老伴瘫痪在床，全家的重担都落在了老人身上。老人一个月用10度电，家中的厨房还缺了一面墙。在这样的困境下，老人依旧承诺道：“还，一定还，不能坏了做人的规矩。”为了还清借款，他卖掉了家里的粮食、家禽等一切可以换钱的东西，集市离家有5千米路，他就这样背着粮食来来回回，然后一元、五元、十元地积累起来。我清楚地记得老人还清借款的那个晚上，依旧是满天星，他佝偻着背，坐在门槛上，把欠条紧紧地攥在手里，然后沉默良久，转过头对我说：“还，一定还，不能坏了做人的规矩。”我看见他眼睛里闪着光，泪水淌过他那饱经风霜的脸，此时此刻，他就是夜空中最亮的星。

同我的邻居一样，社会中也不乏一些暖心的诚信举动，您是否还记得那个撞坏路人私家车，留下致歉信和联系方式的少年，您是否还记得那个拾金不昧归还失主7万元的拾荒老人。诚信从来不以一个人的身份卑微与否来评价，只要你心中还保有那颗赤诚之心，那每个人都将是夜空中最亮的星。诚信是一种态度，是一种责任，更是一种信仰。同学们，让诚信扎根于你我的心田，让守信成为我们最真切的本能，做一个诚信的人，做一个有规矩的人，做一个堂堂正正的中国人！

“谎言”的戒尺

文学与传播学院　李梓汐

我的姨父是一位教育工作者，他从小就把我当作他亲生女儿一样疼爱，有一天他对我说：“你过来一下，我跟你说，我觉得你是个很特别的孩子，所以我希望你向承诺我三件事。第一，我希望你永远善良；第二，我希望你永远真诚；第三，我希望你一定不要早恋。”然后我用力地点了点头。直到高中毕业后在一次家庭聚会上，我姐突然问我有没有男朋友，我一本正经地回答：“没有啊。”然后我姐姐哈哈大笑着对我说：“你不会是因为姨父的话才没有谈朋友吧，其实他对我们每个人都说了这几句话。”我当时很尴尬，我以为只有我才是姨父心里最特别的小孩儿，不过我一直把那个承诺记在心里，我说这个的原因不是为了证明我当初多么乖，我只想证明信守承诺应该是一种生活习惯。

我是一个骗子，我们都是骗子，我骗我弟弟说他平头特别帅，骗我妈妈说她根本没有鱼尾纹，骗我爸爸说他就是个衣架子，我每次看到镜头前魁梧的自己时内心就充满了自卑与不自信，我的朋友都会对我说：“你看肉肉的多可爱啊，跟赵丽颖一样好看。”你觉得我真的不知道那是安慰我的谎话吗？但这时你善意的谎言对我来说就是雪中送炭，同样，我的谎言对于我的爸爸妈妈和弟弟也是如此，那么这时你就算是个骗子又怎样呢？

谎言像一把戒尺，不越界时是善意的谎言，越界后我们必然会为此付出沉重的代价。

我想问大家，如果你遇到了取款机不停地吐钞票而且旁边没有人也没有摄像头，这时你会怎么做？以前我朋友的爸爸就遇到过这样的事，他在取钱的时候取款机不停地往外吐钱，白花花的钱摆在他面前时他没有选择私藏囊中而是第一时间打电话给工作人员，然后他将所有吐出来的钱还给了银行。我们来设想一下，如果那一刻他选择了贪婪，那么会对他造成什么样的影响呢，不敢想象。后来，因为朋友的父亲的这种真诚的行为，银行还给他颁发了个诚信个人奖。诚信是做人之首，为人之本。我们不能因为功名利禄而蒙蔽了双眼。

《人民的民义》这部电视剧中有个贪官——赵德汉，区区一个处长就贪了2.399 9亿元，却一分钱没敢花，因为他心虚了，知道自己做的是亏心事，因此他不敢花。即使他吃的是炸酱面、穿的是朴素衣、住的是居民房，但纸是包不住火的。最终他以犯受贿罪、滥用职权罪、巨额资产来源不明罪数罪并罚，被依法判刑。他欺骗了家人、欺骗了人民、欺骗了国家，最终他为自己的不诚信付出了沉重的代价。

我们时常说“童言无忌”，小孩儿是不会撒谎的，因为人生来就是真诚善良的，在我们身上同样有着像孩子一样纯洁真诚的心，或许它正被一些烟雾笼罩，但你别任烟雾蔓延。

当你把真诚的心与善于观察的眼结合起来，你就不容易受骗，因为你在对周围的所有人发出信号，你在说：“嗨，我的世界，我们的世界，会是一个真诚的世界，在我的世界中，真相得到捍卫，虚假会被识破并被消灭。”这么做，能让我们守住诚信的戒尺，也能让我们脚下的世界一点一点地发生变化，这可一点儿都不假，并且我相信我们一定能做到。

不信不立，不诚不行

生态旅游学院 洪越

墨翟说志不强者智不达，言不信者行不果。屈原说善不由外来兮，名不可虚做。而庄周说真者，精诚之至也，不精不诚不能动人。古今中外关于诚信的至理名言数不胜数，那么诚信到底是什么？我想我今天给大家带来的故事会让大家明白。

在2009年感动中国人物中，易中天是这样评价他的：一诺千金四十年，男儿侠义在双肩，感天动地朱邦月，长驻真情在人间。是的，这个人就是朱邦月。40多年前，朱邦月的朋友临终时，将两岁的儿子和怀着五个月身孕的妻子托付给他，朋友恳求的眼神让朱邦月做了一个至今未悔的决定：迎娶朋友的遗孀并将朋友的两个儿子抚养长大。这样朱家四口人，除了本身朱邦月一条腿被截肢外，后来妻子和两个儿子都得了绝症“进行性肌营养不良症”。1991年母子三人的病情加重，吃喝拉撒全靠他照顾。为了一个承诺，他付出了一生。而在我家里也有这样一个人，或许他的事不像朱邦月一样感天动地，但他是我心中的英雄，他就是我的爸爸。

三年前，大伯父在建筑工地发生意外，从四楼摔下，经过了两年的治疗，始终是熬不过病痛的折磨去世了。治疗期间大伯父一家跑遍了大大小小的医院，药物、治疗、手术几乎花光了所有的补偿金，而以前的积蓄也所剩无几。就在大伯父去世那天晚上，我看见他死死抓着爸爸的手，已经不能说话的大伯父似乎用尽了全身的力气，用嘶哑的喉咙吼叫着，我知道他是放不下整日为他操劳也患了病的大伯母和还在读大学的哥哥，爸爸自然也知道大伯父的顾虑，握着大伯父已经没有血色的手说：“你放心地走吧，他们我一定会照顾的，不会让他们受苦。”

大伯父去世后，大伯母根本没有多余的钱来办丧事，爸爸不顾妈妈的反对出钱办了大伯父的后事。可同样一个大问题也随之而来，即哥哥上大学的费用问题，大伯母的身体已经完全干不了重活，只能找一些轻松的活，一个月挣一千多块钱，除了药费根本无余钱供哥哥上学，哥哥决定放弃学业，到外面打工。大伯母实在没办法也同意了。“不行！我答应了大哥一定要照顾你们，学费我会想办法。”爸爸严肃地说。就这样所有的重担都压在了爸爸身上。爸爸知道他那原本能让我们一家四口过得还不错的工资是肯定不够了，他听说西藏那边做工挺赚钱，二话没说就去了西藏，的确西藏工资高，但是工作累得不像话，爸爸从来都是做轻松活，哪里受得了那样的苦，那一年爸爸似乎老了十岁。有一次我和爸爸吵了一架，我说他把本该我的东西给了哥哥，爸爸却说："没事，等你哥大学毕业了就好了，我答应了你大伯父要照顾好他的。"后来怎样我也记不得了，只记得我哭得很伤心，觉得爸爸太傻。

后来哥哥大学毕业，找到了新工作，爸爸也离开了西藏。其实我以前一直搞不懂，为什么他的老板能把工厂交给小学 2 年级都没读完的爸爸管理，为什么他到哪里都能交上一帮朋友，为什么他能在大伯父死后一个人支撑起两个家。现在我才明白，是诚信啊，再苦再累爸爸都始终坚守着他对大伯父的承诺，从未失信。在这里我想请大家记住不信不立，不诚不行。

与诚信一路同行

达州水电学校　唐玉婷

什么是诚信？顾名思义，诚实守信。诚信，作为中华文明古国的传统美德，几千年来，受到人们的自觉信奉和推崇。然而，时至今日，我们为何又重提诚信？这是因为有许多的事令人骇然：假烟、假酒、假种子、假化肥、假文凭、假职称、假名字等不胜枚举。

诚信是由诚和信两个字组成的。诚，就是真诚，诚实；信，就是守承诺，讲信用。通俗地讲，诚信就是说老实话，办老实事，做老实人。诚实守信是中华民族的传统美德。哲人的“人而无信，不知其可也”，民间的“一言既出，驷马难追”，无不说明了诚信的重要性。诚实守信是我们每个人都应遵守的生活准则。

很多人都听过这样一个故事，一个叫孟信的人，家里很穷，无米下锅，家中只有一头病牛。一天他外出，他的侄子将牛牵到集市上卖了。孟信回来后非常生气，责备他的侄子不该把病牛卖给人家，后亲自找到买主将钱如数退还，牵回了自家的病牛。透过历史的烟尘，我们清楚地看到孟信手中紧紧牵住的绝不是一头生病的黄牛，而是一条健康与高尚的道德纤绳，它将一个人的人品、修养引入了纯洁的圣地。

作为未来祖国的主人，我们面对的是一个新科技、新信息、新体制不断涌现，竞争日益激烈的信息时代。我们要想使自己能够适应于这个时代，使我们的民族立足于这个竞争的世界，就必须诚实守信。

待人以诚信，如同一轮明月的清辉普照大地。是诚信，让黑暗变得光明，让世界变得美丽；是诚信，让世界充满生机，让生命充满活力。

繁花扬瓣，馨舞人间

政法学院　晏妮

如果说历史是一条奔涌向前的滚滚长河，那么诚信便是盛放于两岸的一树树繁花，跨过岁月的宽度，纵横在这美丽富饶的土地上。不同于盛世奇葩般的奉献精神，也不类似于汪洋劲浪一般的坚毅品格，它就静静伫立在那里，于漫天飞舞的花瓣之间，我们能看见时间的深度，也能听见那永恒的回响。

人而无信，不知其可也，大车无輗，小车无軏，其何以行之哉?

听啊，一章又一章新时代动听的交响曲里，它正奏唱着和谐的旋律。

胡丙申，山西某乡镇企业局局长。在任时，他为农户们借贷了69万元谋发展。后来有8户偿还了贷款，仍有11户无法偿还，望着他们枯槁脸上愁苦的面容。他暗自下定决心，答应退休后打工替11户农户还债。他摆过地摊，卖过对联，经营过小商店，甚至给人做饭、剃头。连本带利39万元的还债路，他整整走了10年。儿子胡学功说:“他就是想堂堂正正地做人，清清白白地做事。父亲说，这叫承诺。”

“还债局长”用质朴的诺言、默默的行动以及那十年如一日对承诺的坚守，谱写了一曲动人的赞歌。我想啊，这十年的风霜雨雪，想必也一定在为胡局长的道德着色，击节喟然。

看啊，它又盛放在广阔的碧云蓝天下，一次又一次迸发出耀眼的时代光芒。

韩信奉金千两于义母信义不忘，八旬老人吴乃宜替子还债走尽风霜；孙东林、孙水林为农民工接力送薪，兄终弟及。

超越生命的承诺

财经管理学院　黄玉婷

古语有云："是故贤者之祭也，致其诚信，与其忠敬。"意思是有才能的人用祭祀来表达诚信、忠心和敬仰。这说明在古人眼里，诚信便已是一种令人敬仰的品质。

孟子有云："车无辕而不行，人无信则不立。"诚信对于人而言，就像是一辆车的轮子一样，没有诚信的人是无法在人生的道路上走下去的。这普普通通的两个字，说起来好像很容易，但要实现它，需要付出的却不只一点点。

2010 年 2 月 9 日，腊月二十六，正是临近年关的日子，黄陂籍建筑老板孙水林带着 26 万元现金，驾车从天津赶往武汉，准备给工程队的家乡民工发工钱。但天有不测风云，次日凌晨，由于路面结冰，河南开封发生了一起重大车祸，二十多辆车连环追尾，孙水林一家五口人，皆不幸遇难。

春节前发放工钱，是孙水林对民工们的承诺。事发后，他的弟弟孙东林强忍住巨大悲痛，决定替哥哥完成遗愿。在大年三十前一天，他来不及为哥哥一家人举行葬礼，来不及安慰年迈的父母，甚至连饭都来不及吃就马不停蹄地往武汉赶，终于，两天未合眼、未吃饭的他准时将工钱送到了农民工的手中。因为哥哥离世，账单多已不在，他就让民工们凭着良心领工钱，说多少钱，就给多少钱！钱不够，就贴上自己的 6 万多元和母亲的 1 万元。就这样，在新年来临之前，60 多名民工都如愿领到工钱，孙东林如释重负。

当兄弟俩的感人事迹传遍了祖国的大江南北，孙东林说："新年不欠旧年薪，今生不欠来生债——这是我们兄弟俩一生的信念。"感动中国十大人物颁奖词这样写道：言忠信，行笃敬，古老相传的信条，演绎出现代传奇，他们为尊严承诺，为良心奔波，大地上一场悲情接力。雪夜里的好兄弟，只剩下孤独一个。雪落无声，但情义落在地上铿锵有力。

为了一个承诺，"信义兄弟"接力传薪，他们是我们这个时代的英雄。兄弟俩的事迹可能并没有多么传奇，他们的形象也没有那么的高大，但他们却以最平凡的行为，恪守着生活中最基本的道义良知，面对这份道义良知，我们却如同久旱逢得甘露。

国家发展得越来越好，社会生活也变得越来越丰富，但那些传承千年的优秀美德，却被一些人所轻视。每年层出不穷的食品安全问题，频频发生的豆腐渣工程，是否预示着这些美德正在逐渐没落？不，绝不会，一种优秀品质可以让人受用终身。当人心凝聚而不再游离，当人人目光相向时不再默然、冷淡，当诚信之光能照亮祖国的每一个角落，我相信，这绝不会是理想的乌托邦，而是中国梦的复兴！

最后，我想送给大家一段话：诚信，即诚实守信，言行一致，不文饰，不虚美，胸怀坦荡，光明磊落。它如隽永的长河奔腾至今，内涵却从未有过改变，九州华夏，因它而灿烂。

别让假聪明偷走安全感

财经管理学院 纪婉琪

我很荣幸能够站在这个台上跟大家一起探讨思考一个抨击人类心灵和民族灵魂的话题——诚信。其实说起诚信大家并不陌生：小至如他人之约，达相约之事，这叫诚信；再大一点到许他人之诺，尽自己之力，这也叫诚信；再大至信他人之言，付体己之行，这还叫诚信。

根据研究表明，在物质文化水平、科学水平乃至综合国力都实现了质的飞跃的今天，诚信缺失问题值得我们注意。诚信不仅仅是单方面付出的过程，更是一个建立互相信任、互相依赖的过程，而安全感，恰恰建立在互相信任的基础之上。如果有一天，我们连人最基本的诚信与信任都弄丢的话，何谈安全感？现如今，"扶不扶""疾病诈骗""小月月事件"等各种社会问题不断涌现，2008 年"三鹿毒奶粉"事件被曝光；2010 年，武汉工业学院教授估计我国每年都有 200 万~300 万吨的地沟油流向餐桌。这一次次抨击灵魂的发问，一次次直剖人性的抉择，却只能在人们的心灵深处埋下一颗同情的种子，最终无缘开花。而谈到这儿，我想跟大家聊聊一个话题——聪明度。

谈起这个我们不得不承认，一些无良商家为节省成本用地沟油代替食用油，用腐肉代替鲜肉，用假药代替良药；为节省时间食品不过检，餐具反复用，食材不挑选……然后商家的钱包鼓了，诚信丢了；人们的肚皮鼓了，健康丢了……

我想，无论买家也好卖家也罢，老人也好稚子也罢，青年也好中年也罢，都不要活得那么"聪明"，都活得"笨"一点。笨到像张广怀一样跨越 1 800 多千米的距离，只为还一年前为治病而欠下的贷款；笨到像胡丙申一样，走过十年替民还债路；笨到像张瑞敏一样，含泪吞血砸冰箱……

古语云：人无信不立。诚信，乃是一个国家乃至民族的立根之本。荀子曰：君子养心莫过于诚。而作为子女，我希望无人照拂的父母有人可依；作为学生，我希望相识已久的朋友可吐露真心；作为社会的一分子，我希望人不独亲其亲，不独子其子，使老有所终，壮有所用，幼有所长。

小家大国

文学与传播学院　罗琳

以前有很多邻居或朋友问我妈妈怎么这么白？妈妈总是开玩笑地说，因为这么多年都在奶油里面钻啊，钻着钻着就白了。没错，打我记事起，家里就是做生意的，是镇上唯一一家面包店。镇上赶集的日子都是分单双号，每逢单号那天，妈妈总是起得特别早，将一切东西准备好，在门面外摆好各种各样的面包，准备迎接来赶集的人们。妈妈的脸上总是挂着幸福的笑容，不管她前一天做面包有多么累。因此，妈妈和所有来照顾我们家生意的人关系都特别好。这么多年，妈妈每到星期一早上都会把家里做生意的那把称检查至少三遍，如果发现它有一分一毫的不精准都会让爸爸把它调好，宁可多称也不会让它少一两。以前小时候不懂，总是问妈妈为什么要这样做，妈妈每次的回答是“这是做生意最重要的一点”。慢慢长大了我才知道妈妈真的是一个很本分的生意人，妈妈口中这最重要的一点原来就是诚信。

但是现在的社会又有多少生意人有诚信这样的意识呢？我想问问大家，你吃过添加了瘦肉精的猪肉吗？你喝过被塑化剂污染过的饮料吗？你知道有些海鲜是浸泡过福尔马林的吗？你买到过假烟、假药、假酒吗？我们生活中不时充斥着这些不道德的现象，这些现象都不禁让我心里一寒。那些黑心的商人为了牟取暴利，拿我们的生命做赌注，用我们的健康开玩笑。他们赚取肮脏的金钱，只为自己挥霍享用。

我们学校举办了“学习青年习近平”微话剧展演活动，里面有一部作品叫作《信仰》，这个作品是我们班上几位同学一起演出的，它讲述的是这个主人公原本是一个很小的村干部，在这个岗位上他总是为人民着想，做事认真负责，因此官升得很快。他们搬了很多次家，但那一块上面写着信仰两个字的匾一直跟着他们家。他总是教育自己的儿子说人一定要有信仰，也给自己的儿子承诺一定会是一个两袖清风的好官。但随着他的官位越做越大，他开始收受贿赂，背弃了自己最初的信仰，他表面上清清白白，背地里却欺骗了家人，欺骗了人民，欺骗了国家对他的信任，但好在他为了自己的家人最终选择了自首。君子爱才，取之有道。当廉洁之风倒下之后，站起来的是张牙舞爪的贪欲，这些贪欲的美梦惊醒之后，监狱之门便敞开了。

诚信，就如幽兰之花淡然而隽永，如杨柳之风轻柔而坚定，如淬火之刃无华而锋利。如果一个人没有了诚信，就如同没有了脊柱，无法撑起他的精神躯体；如果一个企业没有了诚信，就如同帆船失去了桅杆，迷失了远航的方向；如果一个国家没有了诚信，就如同大厦没有了根基，无法屹立于世界民族之林。诚信无形，却可以经天动地；诚信无色，却可以耀人眼目；诚信无味，却可以散发出沁人心脾的芬芳。这是我们心中最圣洁的东西，她让我们清清爽爽、坦坦荡荡。诚信为人，必能取信于人，立信于人，收获的一定是朋友；诚信做事，必能韧如江流，动如海啸，赢得的一定是信赖和尊重；诚信对待生活，我们才能挫之不馁，安之不躁，我们终将取得成功！

以诚动人，以信入世

达州职业技术学院　郑艺

在这个快节奏的时代，诚信一词一次次被提起被强调，又一次次被漠视被遗忘。其实它也许并没有多么重大的意义，也许它就是我们身边的各种小事，跟我们每个人都息息相关。我们不需要刻意去强调诚信，但一定要将诚信作为自己行事的准则，无论大事小事，你遵守它，它就必会给你带来一个和谐美好的生活环境。

我们设想这样一个情境，炎暑正午，饮水机水竭，水龙头水干，桶装水不配送，邻里关系不和谐，小明只好出门寻水。手机便捷支付盛行的年代，口袋中掏出现金通常是件难为情的事情，小明带上手机出门，却发现从街头到街尾，只有年逾七十手持小灵通的刘老开着的小卖部坚守在岗位上。

不提供快捷支付但提供水，小明生出向刘老赊一件矿泉水的想法。小明开口后，刘老会有怎样的反应？刘老又是出于何种根据做出判断呢？答案即“诚信”二字——诚恳无欺是为“诚”，务实履诺是为“信”。

诚信有“公民的第二张身份证”一称，我们的第一个身份证能证明我是什么人，而日积月累建立起来的“第二个身份证”，能证明我是什么样的人，并且能让我享受一部分公民享受不到的待遇，最重要也是区别最大的一点，是我的诚信身份证能让我享受社会关系带来的好处。

此前设想的情境在平日里也极易遇到，难处可大可小，总有我们开口求助的时候。落到实处，我们资金紧缺时向银行借贷需以消费信用记录及贷款用途作依据，或向朋友开口时需有“有借有还再借不难”的承诺做前提。

说到这里，会不会让你们觉得，诚信的来往不过是一种利益平等？实际上，这是内“诚”外化，“信”显现的结果。“诚”树立个人，行天之道；“信”悦服他人，从人之道。

“不信不立，不诚不行。”诚信固然是行事的通行证，然，我们应将诚信为立世之本作为建立诚信的出发点，不为行事方便，不图效益主义，旨在修为个人，以诚动人，以信入世。

赊那一口江湖救急之水，不在话下。

她抢了我的钱包，却让我成长

外国语学院　董盈丽

寒假和小时候的朋友相聚，吃着小蛋糕回忆很小的时候。朋友说，再回过头去看那个时候，才会发现你成长为现在这个样子有多么的不可思议。我小的时候是那种“坏孩子”，“90后”在青春时代崇尚酷，可我发现，好像长大了以后，坚持酷下去的人就很少了。我其实不是很能特别准确地定义酷这个字眼。小时候眼里的酷是非主流、爆炸头和烟熏妆以及嘴里叼根烟。后来长大了才知道，真正的酷是做别人做不到的事情。

我现在就觉得我妈妈挺酷的，我小时候特像男生，总爱和一群男生混在一起玩，那时候小卡片特别流行，我就很爱用我的压岁钱去买很多很多的小卡片，总觉得只要我的卡片最多我就是最厉害的。后来我妈一看这样下去不行，就把我蜡笔小新的钱包抢了，我那时候一哭二闹就差三上吊了，我妈可能看到了对付我的一个好方法，就威胁我和她立了一个合约，上面就写着：“我承诺将在18岁时候归还我女儿所有的压岁钱，而她也需要好好读书，天天向上。”人都爱钱嘛，尤其是我，最后在压岁钱的诱惑和妈妈的逼迫下，我只能努力学习，那时候我的班主任觉得我是不是受什么打击了，还专门找我去谈话了。这个约定一守就守了4年，在4年后我拿到了录取通知书。

大学第一次离开家，那时候我爸我妈送我到学校，全部安顿好了才回去，送他们上飞机的时候妈妈给了我一张卡和一张纸说：“我不后悔我这4年给你的一切压力，也谢谢你能够守住了这张纸上的承诺。”那一刻我哭了，我在知道我成绩的时候没有哭，在拿到录取通知书的时候没有哭，但那一刻，我哭了。我不敢想象如果她没抢走我的钱包，我和她都失去了诚信，我会变成什么样子。

这是一件很小的事情，但妈妈教会了我成长。妈妈的想法是，再教我多做一点，这样就能参与我的人生多一点。后面的艰难险阻太多了，她知道我会遇见什么，也恨不得总是挡在我的前面。但后面的路只能靠我自己，因此她竭尽全力教了我很多很多。我在后来的日子里听到过很多句:“没事的，妈妈在。”我们一直都想要一个给自己“兜底”的人。其实她一直都在的，无论什么时间什么地点，你一句委屈就能千里迢迢唤过来的人，全世界只有这一个。她是我远离故乡唯一的底气，她教会我守信、讲诚信，一切的一切也将在我离开她以后的生活中发挥出巨大的作用。这个世界上关于诚信的名言太多了：“一言既出，驷马难追”“言不信者，行不果”。但我是通过妈妈学到诚信的，是她赋予我勇气，赋予我和这个世界正面交锋的笃定。

前两天读书的时候看到，1928 年，沈从文被时任中国公学的校长胡适聘为讲师。那时候的沈从文才 26 岁，只有小学学历，刚到上海没多久。他太紧张了，原本要上一节课的内容，他 10 分钟就讲完了。于是他拿着粉笔，在黑板上工工整整地写下一行字：“今天是我第一天上课，人很多，我害怕了。”他诚实地表达了内心的想法。我老是翻来覆去地想这段话，想象这个画面。

这个时代太快了，常常觉得自己就是那个对着十里洋场不知所措的少年，我问自己，“我怕吗”，当然怕，我怕父母失望，我怕失去诚信，我更怕父母离开这个世界的时候我还没成为很棒的人。“听说神无处不在，所以创造了妈妈。”她虽抢走了我的钱包，却让我成长，愿每一位同学都能载着诚信之舟，驶向前程似锦的明天，愿你们因诚信多了友谊，因诚信添了风采，因诚信而走得踏踏实实，也愿未来的自己，不要辜负妈妈的期望，成为一个高尚的诚信人，我们都会变成很棒的人。

为诚信发声

财经管理学院　李涛

我想问问大家有多久没有用过家中的座机打过电话了？挺久了吧，可能很多人现在已经忘了怎么用座机打电话了，不信，那我再问你，这用座机打长途，号码前要加哪些数字呢？

这个问题放以前啊，随便找一人问，他都会不假思索地说：拨固话长途是区号加号码，拨手机长途是0加号码，你看，这是个生活常识，而刚才大家给我的反应，却让我觉得这生活常识变成了新鲜玩意儿！能有这样的反应，原因说来也简单，时代在发展，技术在进步嘛，通信工具也在飞一般地更迭，座机呢，在不知不觉中淡出了我们的视野，取而代之的是更为便捷的手机！座机逐渐被取代，手机快速普及。这也体现出我们的国家、社会在飞速发展！

改革开放后，创业风潮席卷了全国，马云、李彦宏这些风云人物都是在这个时代起的家。到了互联网时代，世界500强名单里，逐渐多了中国企业的名字，从当初的屈指可数增加到21个、73个、115个。2010年，我国的国内生产总值超过了日本，成了世界上仅次于美国的经济大国。这一切都表明我们逐渐富裕了。

有句耳熟能详的话是这么说的：社会主义发展方向是国家富强，人民幸福，逐步并最终实现共产主义，那么有人会问了，咱们经济发展得这么好，都快赶上美国了，这不就是富强吗？人民的腰包鼓了，这不就是幸福吗？那共产主义社会会不会就在眼前了呢？我的回答是：不！

在当今社会中，一些不良商家为了牟取暴利，给猪肉注水，用福尔马林浸泡海鲜，销售假烟假酒、劣质奶粉，这些劣质产品像定时炸弹一般，安放在我们的生活中。

诚者，真实无妄之谓。如今公民群体中的无妄者，却是少之又少，更多是在网络上谈笑风生、如鱼得水的侠者，譬如键盘侠，他们偏激愤懑，以别人的悲惨作为自己高谈阔论的资本，而他们却从不为自己的行为买单。这些违背原则、阳奉阴违的人算不上诚者，而就是这些不诚者散发出的负能量正慢慢侵蚀着我们的民族信仰。

当然，有病就得治。政府用法律和政治手段维护诚信风气，逐渐勾勒出诚信制度的建设蓝图。企业家们也不甘落后，他们不遗余力地共建商业诚信体系，呼吁诚信理念。这是社会的诚信之声。

但一人诚信不能算是社会诚信，社会诚信风气建设需要每个人的努力，因此我们也要为诚信发声！可能你们会说：我只是个普通人，我说不出铿锵动人的语句，去感化他人。没错，我们都很平凡，不过我不会因此而不谈诚信，不去传递诚信，因为我相信再微弱的声音也有力量。

我会告诉从商的父亲：诚招天下客，誉从信中来，要注重从商之本。我要告诉身边的键盘侠们：良言一句三冬暖，恶语伤人六月寒，让他们知道不违背原则、真诚守信的可贵。我还要告诉所有诚实守信的人：诚之所感，触处皆通，告诉他们真诚守信能感动一切。

即便力量有限，我也要用最诚恳的声音，为诚信发声，因为我知道，只有人人诚信，公民才能得体，公民得体，我们的国家才能真正富强！

凤凰欲飞于诚信

财经管理学院　杨茜

仲夏初至，夜晚数点澹月，天边的光晕褪去青涩模样，渲染出浓重的色彩。大山笼罩在一片雾气之中，温柔而静谧。

这不是她第一次来到这里，高考后的暑假，她加入了针对雅安市天全县思经中学的支教活动，如今她已大三，经过四个夏天的相处，她早已和这里的孩子们建立了深厚的感情。这将是她最后一次来到这里，她以为自己可以如期履行四年之约，愉快地度过这最后一次的支教生活。但此刻，她陷入了为难。

支教前，安徽大学发出2017年保研夏令营的通知安排，她抱着试一试的心态提交了申请材料，没等到通知就跟着志愿者队伍来到雅安。以为申请材料石沉大海的她却收到了审核通过的消息。

大山的夜，清凉而安静。黑夜和寂静总能调和出许多故事，光影浮动的瞬间，思绪的波澜涌动着。一夜未眠，第二天上完课，她向孩子们道别，说着提前想好的台词，却在话语说到一半的时候被孩子们打断："老师，你不是答应过我们，会陪我们参加最后一次夏令营期间所有的活动吗?"她扯了扯嘴角，心虚地笑道："老师实在有重要的事，以后有机会，一定来看你们，好吗?"山区的孩子们总是最懂事的，他们不会要求却懂得感恩。临上车前，她收到一份还未完成的礼物，小小的贺卡上是匆忙之下写上的歪七扭八的字。

离开的大巴早已等候多时，她拖着行李箱缓步向前，隔着一道校门的距离，最后一次回望。迎着孩子们依依不舍的目光，她有些心虚地转过头，匆忙上了车。

后视镜里孩子们的身影越来越小，直到消失在视线中，她拽紧了手里的卡片，耳边回荡起离别前孩子们整齐的呐喊：老师，您辛苦了。余音回荡在大山上空，像是一片羽毛，穿过耳膜，落进心里最柔软的角落。还会再回来吗？她问自己，可惜没有答案。车子在蜿蜒的山路上往来迂行，像是她此刻百转千回的心，泪眼蒙胧中，她第一次觉得，城市和大山之间，似乎隔了整整一个时空。

没有再做过多的思想挣扎，她在下一站下了车，她答应过孩子们啊！她想回去，完成自己已经说出口的承诺。她要回去，完成自己最后一次的支教活动。她必须回去，用自己的实际行动给孩子们上人生最重要的一课。

保研夏令营重要吗？当然重要，一边是前途，一边是承诺；一边是自我，一边是孩子们。但在二者之间，她最终选择了遵守对孩子们的承诺。或许很多年之后，他们不再记得她的名字、她的模样，但是一定会记得有个老师，用自己的实际行动给他们上了一堂意义非凡的诚信之课。

她是我的朋友，韩宇琴，尽管错过了保研夏令营那个难得的机会，她仍旧依靠自己的努力成了安徽大学的一名研究生。大学生是社会发展的中坚力量，党的十七大报告特别指出："以增强诚信意识为重点，加强社会公德、职业道德、家庭美德、个人品德建设。"党的十八大报告对诚信建设提出了具体要求："要加强政务诚信、商务诚信、社会诚信和司法公信建设。"我们开展以诚信为主题的演讲比赛，打造学生资助诚信教育新模式，开启校银合作，搭建人才培养诚信教育平台。我们把诚信看作最神圣的塔，塔顶的灯一生不熄；我们把诚信看作最清纯的河，河中的水源远流长；我们把诚信看作最明净的天，天空的云一尘不染。诚信，穿越960万平方千米，用古老而强劲的声音滋养我们崇高而健康的体魄，支撑我们顶天立地的人格。

在社会的灯红酒绿中，我们所要承载的还有太多太多，但时间是永恒的见证者，诚信，必不只属于过去，也属于现在，属于将来。在这沉浮红尘，势必不能让诚信如那水中月、镜中花离我们远去了。让我们以科学知识造船，用诚实守信扬帆，乘风破浪，未来的人生就会烟花烂漫，前方的天地就会广阔无边。

“手”信

智能制造学院　唐睿

在演讲之前我先问大家一个问题，大家知道什么是手信吗？大家看下这张图片。没错，正如大家所想，就是挨打的意思。正是那个将落未落的巴掌，它改变了我今后的人生。这就是我父亲传递给我的手信。

刚开始读职高的时候，我就是一个喜欢惹是生非、抽烟喝酒的坏学生。我心思不在学习上，就在学校为了自己眼中的兄弟义气和所谓的爱情混日子。像我这样的学生一般都是中途辍学。

在那次打完群架之后，我爸爸来到学校。老师在训斥我的同时也开始数落家长的不是。我爸全程一句话都没说。然而我却像之前犯错误一样，连连点头认错，说自己知道错了以后再也不会犯了。老师拿我没办法，像之前一样，让父亲将我领回家中反省。回到家里，没等我爸开口，我就跪在他的面前。这对于我来说已经是家常便饭了。正如我所想，我抬起头时就看到我爸的大手掌已经举得老高。我眼睛一闭。过了许久我爸的手也没扇到我脸上。我只听见爸爸的叹气声，我疑惑地抬头望着他，看到他的手仍然举着但是眼睛已经红润了。我爸看我抬头，再一次耸肩挥手，但是这一巴掌却伴随着他的一声“哎”放了下去。转身离开的他抬手抹了一下眼睛，我爸哭了。这是我长这么大第一次看到我爸哭。我连忙跑到我爸的面前拉着他的手。“爸，原谅我，我真的错了，我再也不混日子了。”我爸却撒开了我的手。“你觉得你的话可信吗，我对你太失望了。”他说这句话的声音不大，但对于我来说却等同于五雷轰顶。他言语中夹杂着无奈和不忍。就这样七天，整整七天，我爸一句话也没对我说。七天，同样也是整整七天。我除了吃饭、学习、睡觉什么都没干，我答应过爸爸再也不混日子。我心灰意冷地准备着返校后的期末考试。这时我爸走到我的房门前，咚咚咚，“儿子，加油我相信你。”一股暖流涌上心头，我浑身充满了力量。回到学校考完期末考试，我以高考科目第一、总分第五的成绩重获爸爸和老师的信任。我答应过爸爸，再也不混日子。正因为这个约定我考上了我梦寐以求的本科院校，站上了这个舞台。

我很庆幸我爸当时打我的手没有落下，我也很庆幸我爸愿意再相信我一次。我仍然记得他抬手又放下的那个情景。一个简简单单的动作，却改变了我今后的人生。这就是我父亲传递给我的“手”信。

对于刚踏入大学的我们来说，更应该让诚信二字刻骨铭心。试想我们刚刚到这个陌生的环境，同学和老师就在你的身上贴上了“虚伪”的标签。那么老师会重用你，同学们会和你交朋友吗？答案当然是否定的。如果是这样，你今后的大学生活将遭受异样的冷眼和排斥。很多同学此时会想到一句歌词：“向前跑，迎着冷眼和嘲笑。”但是我想说的是，歌词中写到的是人生中的逆境。但是倘若你失去了诚信，你将身处于绝境。很多同学认为这只是句玩笑话，但是我非常负责任并且非常严肃地告诉大家：诚信的人不一定会成功，但是失信的人的结局注定会很惨。

诚信者，天下之结也

文学与传播学院　叶馨

朋友们，如果有这样一道考题摆在你面前，你该如何作答：请简述唐太宗李世民为了保护环境采取了哪些措施？听完这道题，你是不是有点懵？是不是在大脑资源库里飞速搜索却一无所获？告诉大家，这是 1998 年香港廉政公署选拔首席调查官的笔试题，几乎所有应考者都和此时的我们一样，一头雾水。但是，为了得到考分，他们都答了满满一页。只有一个人例外，他叫蔡双雄。蔡双雄平时就喜欢读唐代历史，尤喜李世民，但此时的他绞尽脑汁也想不起来李世民曾在环保方面有过什么贡献。交卷时间快到了，蔡双雄无奈地在试卷上写下一行字：对不起，这道题我不会答。交卷后，蔡双雄很是沮丧。可让他万万没想到的是，两个星期后，考试结果出来了，最后那道题，他竟然得了满分，并且他成了进入面试环节的唯一人选。选拔委员会这样解释：唐太宗时，还没有环境保护这种说法，这道题，不过是一道没有实质答案的“诚信考题”。

蔡双雄依靠自身诚信赢得了这次考试。其实，中国文化正是以诚信立天下的文化，曾子杀彘、尾生抱柱、立木为信这些诚信故事至今都在激励着我们。

当今一些人被物质利益蛊惑了心智，商场上权谋欺诈，朋友间背信弃义，失信事件屡屡发生。因为缺乏诚信，我们不敢扶起摔倒的老人；因为缺乏诚信，我们的医患关系才如此紧张；因为缺乏诚信，一条条鲜活的生命离我们而去。不知道大家还记不记得那个叫罗一笑的小女孩，朋友圈的那篇文章《罗一笑，你给我站住》，字里行间流露着一位父亲对患上白血病女儿深沉的爱，各界爱心人士纷纷为其捐款。可这感人至深的父爱背后，却是一个父亲借着孩子的病进行的带血的营销，本就薄如蝉翼的社会诚信又被抽去了几丝。重建诚信体系已成为全社会的共识，因此，党的十八大提出“社会主义核心价值观”，将爱国、敬业、诚信、友善作为公民个人层面的价值准则，教育、银行、交通、经济等领域纷纷建立了失信惩戒制度，一个“无信不立”的崭新价值体系正在形成。

即便如此，大学校园中仍存在着诚信缺失的问题：学习上，有人考试作弊、抄袭论文；生活上，有人拖欠助学贷款，用虚假资料获得困难补助；求职就业上，有人伪造求职简历、违反协议约定。作为一名当代大学生，我们又该怎样做到诚信二字。四川文理学院为了加强诚信建设，每年组织举办工行杯“抱诚守真，以信为本”演讲比赛，经常开展诚信主题班会，不定期举办大学生征信知识讲座。这些活动的开展，全方位多渠道引导我们去深挖“诚信”内涵，理解契约精神，树立诚信观念，最终让我们每个人内诚于心，立信于行。

最后，我想用习主席在亚非领导人会议开幕式的讲话来结束我的演讲：人无信不可，民无信不立，国无信不威。

诚信是立人之本

财经管理学院　姜雯

我特别喜欢出去玩，想先分享一个我自己的小故事。高考完的暑假我去了青海玩，到西宁已经是晚上八点了，拉着行李箱就近找了个宾馆，付了100元押金就出去觅食了。第二天早上我赶七点的车，可起来以后我怎么也找不到老板，打电话也不接，才想起昨天忘记跟老板说自己几点走，心想着大不了不要押金了。坐在离开西宁的车上，突然想到我可以加一下老板微信。我通过他的电话号码加上了他，说明情况后，他毫不犹豫地发了100元红包给我，还说以后都是朋友什么的。其实老板知道我是外地人，他不还我我其实也没办法。但老板做生意先做人，诚信就是立人之本。当时我真觉得这个老板特别善良，连带着对西宁这座城市都充满了好感。我觉得这个世界是那么美好。

但现实世界真的只有美好的一面吗？网络发达的今天，不守诚信的新闻比比皆是。十一年前，“以母爱为最高标准”这几个大字象征着三鹿奶粉的品质，而三聚氰胺事件将“诚信”践踏在地。八年前，微博上一个名叫“郭美美 baby”的女孩引起众人瞩目，她开玛莎拉蒂跑车，在别墅开生日会，皮包、手机、手表都是奢侈品。而她的微博认证却是“红十字会商业总经理”，这引起了公众对其财富来源的强烈质疑和对红十字会持续多年的信任危机。六年前，网络上曝光上海乐乐美发厅老板张九勤，在2003年先后拐骗数十名女性，把她们囚禁在上海市浦东新区新德路339美发厅内，强迫她们提供性服务，更讽刺的是张九勤还用赚来的钱做公益。三年前，24岁的阮先生陆续借给朋友12万元，最后却收到了朋友用消字笔写下的借条。现如今，网络上谣言屡禁不止，键盘侠们在不了解真相的情况下利用网络随意诋毁、攻击他人，毫无诚信可言。

在国际交往中，我们的国家早已经做到以诚信为信仰。和平共处五项原则、求同存异等我国提出的有利于世界和平的主张，我们都在认真地遵守，从未失信。因为我国深知，只有诚信才能带来长久不衰的发展。我们的国家正在努力营造社会诚信环境，同时也需要平凡的你和我来共同守护。

作为大学生的我们，常常会觉得自己平凡、不够优秀，怎么能肩负这么重大的责任？可是我们的确就是社会的希望，大学生这个年轻的群体代表了中国最年轻的希望，即使我们的力量还不够强大，我们年轻、迷茫、无助，改变不了身边的环境甚至是身边的朋友，我们也要坚持自己认为对的事——抱诚守真，以信为本。

坚守诚信

达州水电学校　程竹君

诚信，顾名思义，就是诚实、守信。

康德曾说过："在这世界有两种东西能引起人心深深的震动，一个是我们头上灿烂的星空，另一个是我们心中崇高的道德。"而今，仰望苍穹天空，依然璀璨明朗，而俯察内心那些崇高的道德法则，有些却需要我们再次呼唤，比如诚信。

诚信，即诚实守信、言行一致、胸怀坦荡、光明磊落。在源远流长、丰富多彩的华夏文明长河中，诚信精神日积月累，演绎出无数可歌可泣的故事，形成深厚的文化底蕴。早在两千多年前，孔子就说过："人而无信，不知其可也。"中国古代社会中讲诚信的人受人尊重、爱戴、信任。狼来了的故事在社会广泛流传，故事给我们的警示是：一个人如果不诚实就会有麻烦，"撒谎"使放羊的孩子失去了人们的信任和损失了羊群，更重要的是损害他自己的"人格"。

诗人说诚信是三月的春风，是五月的花海；商人说诚信是宝贵的信誉，是无价的财富；老人说诚信是一本厚厚的日记，是一张不容背叛的人生契约；小朋友说诚信就是那两根小指拉钩后的百年不变、千年不悔。诚信如此重要，我们应更加珍惜。如果我们仅是为了相对漂亮的分数或是逃避一时的难堪，就在自己的回忆里留下不光彩的一笔，岂不可惜。

靓丽的人生有诚信的装点才会更加绚烂，美好的社会有诚信的灌注才会更加和谐。诚信与我们同行，让黑暗变得光明，让社会变得温暖，让生命充满活力。让我们携起手来，共同努力，坚守住我们"诚信"的阵地。

借与还

建筑工程学院　周智龙

我与大家分享一则笑话：说你如果喜欢一个女孩，想对她表白，又怕表白之后被拒绝，连朋友都做不了怎么办。那么我建议你在表白之前先向她借钱，如果表白被拒，做不了朋友，至少钱不用还了。其实我们结束友情的方式有很多种，最彻底的一种不是表白被拒，而是借钱不还。今天，我想再向大家分享一件我生活中借与还的事。

上高中的时候，我穿衣比较随意，但还是有一定的原则，就是要风度不要温度，因此我经常感冒流鼻涕。而我在平时生活中又是一个不怎么精致的人，导致我跟我前后左右桌的同学说得最多的一句话就是："嘿，借我一张纸。"可是时间一长我发现我向他们借纸时，他们都不怎么爱搭理我了。我当时很郁闷，觉得不就几张纸，没什么大不了。

有一天，我跟我一哥们说："兄弟，借我一张纸。"他半开玩笑地问我什么时候还！之后我就给我的前后左右桌同学每人买了一包纸，我说："嘿，我来还债了。"也是从那时起我明白了借就是借，勿以物小而不还。小到一瓶水，小到一支笔，小到一张纸。这何尝不是一种诚信？

去年的九月份，我步入了大学。相信大多数同学应该跟我一样，到了大学我们第一次可以自由掌管一两千元的经济大权，但如果不会理财，到了月末我们就只有"吃土"了。这时，借钱就成了我们解决吃土难题的法门。我拿起手机，打开微信和QQ后我陷入沉思。问谁借，谁会借。请大家现在设想一下，如果现在你需要借一笔钱，你能从你的朋友之中筛选出两个或是三个你一定能借到钱的对象吗？如果说你心中已经出现几个名字，那么我想你在生活中应该是一个诚信的人。人们常说借钱看人心，还钱看人品，其实重点就在于诚信二字。当你向一个人开口借钱的时候，大多数人不会在意你借钱干什么，他们心中想的是你会还吗？你什么时候还？当你是一个诚信的人，他才会信任你，而这样的你才会得到他的帮助。

借与还是一种流程。借，取决于信任；还，取决于诚信。处在社会之中的我们总会遇到借与还，借与还会影响人与人之间的关系。也正是有了诚信，才有了"有借有还，再借不难"。让我们用诚信将借与还进行到底！

你有多珍贵，我都知道

康养产业学院　肖玉

在故事开始前我想跟大家介绍一个人，她的名字叫佳佳，是我儿时在江浙伴我长大的好友，有一次和她在房东阿婆家里玩耍时，我第一次接触到了诚信。阿婆喜欢念诵经文，很多时候也教我们念，她告诉我们说："内不欺己，外不欺人，菩萨什么都知道，就像念经没有念足数就拨动念珠，是欺瞒菩萨，也是欺瞒自己。"阿婆的话我们似懂非懂，或许是听过太多神话传说，我们唯独信了那句菩萨什么都知道，心中便对诚信有所敬畏。

时光流逝，父母准备离开江浙，返回故乡，我与佳佳拥抱告别。这里的一切风物仿佛都成了回忆，但少时阿婆的话却日益成为我们的指引。2016 年佳佳早早地结束学业，满怀期待地迈入社会追寻自己的梦想，有一次，她打电话给我，忍不住逗趣道："回忆成长，阿婆那句'内不欺己，外不欺人'算得上是人生最好的鸡汤了，无添加无公害。"当她轻描淡写地说出这句话的时候，不知为何，我竟有种说不出来的心酸。我知道那时她作为一个职场菜鸟，有时候不得不与所谓的"利润""油水""偷工减料"打交道，在那个岗位上，她常常感觉到了孤单，因为曾经所认为的不正确在那里竟变成了大家的理所当然，她显得是那么的格格不入。她明明过得是那么的煎熬，但迫于外界的压力，她始终没有勇气对这份工作说不，她对诚信产生了怀疑，甚至对自己产生了怀疑。一次长假，我趁此机会找到了她，我带她再次踏上儿时的故土，眼前的一切陌生而熟悉，分别的时候，我给了佳佳串念珠，我想她是明白我的，她人生的这道选择题终究还是要留给自己去决定，因为我相信她还会是原来的她。有些话我想说却没来得及说出口，佳佳，人生的苦千姿百态，但诚信于你到底是什么，是别人口中的愚钝，还是你内心坚守的信仰；但我想说它是你身上最美的一种品质、一种智慧，更是一种境界。佳佳，不要怕，"心诚万里无阻，无信寸步难行"，跟他们比起来你可拥有了一大笔财富啊，带上诚信的力量，对让你苦恼的事说不吧，他们体会不到你的珍贵，可是佳佳，我都知道啊。

后来多年不曾写信的她寄来一封信，我记得她说，迷失在十字路口，诚信更像是阿婆和你给我的一盏指路灯，离开那个岗位，或许我的物质利益变少了，但不得不说的是我的心却更坦荡了；以前他们总说诚信是过时的产物，而今我越往前走，才越发现诚信是整个时代都需要的啊。

是啊，我的朋友，诚信之基，正义之举；唯有诚信之基，才有惠民之根本；唯有诚信之基，才有育才之栋梁；唯有诚信之基，才有创国之辉煌。把我内心最美的祝福送给你吧，愿你在遭受挫折时，记起你的珍贵，抵抗恶意；愿你在迷茫时，坚信你的珍贵，行你所行，听从你心！

信与不信

政法学院　徐汝岚

有一位企业高管叫哈里斯，他和朋友去一家高级餐厅吃饭。他在门口等待他朋友的时候，看到了一位流浪汉，流浪汉特别战战兢兢地开始自我介绍，说："你好，我叫瓦伦丁，已经失业三年了。我能不能向你借一点零钱去买一些生活的必需品。"他就这样特别期盼地看着哈里斯。

哈里斯动了恻隐之心，开始搜寻口袋，但没有找到现金，只找到一张没有密码的信用卡。他开始犹豫，流浪汉看出哈里斯有些难为情，他小声地说："如果你信任我的话，能不能把这张卡借给我十分钟。"哈里斯心中一颤，犹豫了一下，最后还是把这张信用卡借给了流浪汉。十分钟过去了，二十分钟过去了，半小时过去了。哈里斯心情由原来的忐忑变成了追悔莫及，他的朋友也开始骂他："你怎么随随便便相信一个陌生人啊？你也是疯了。"他们两个无语地走出了餐厅，但是让他们意想不到的是，那个流浪汉恭敬地在餐厅门口等待，当看见哈里斯出来的时候，他把信用卡献上，然后说："我一共买了两桶水、一些生活的洗漱用品和一包烟，你核查一下，一共 25 美金。"哈里斯这时候有些激动，甚至是握着他的手说谢谢，而这个流浪汉感到诧异，明明是你帮助了我，怎么反倒说谢谢。

最后，这件事情在报纸上刊登了出来，有许多人愿意去主动帮助这位诚实的流浪汉。流浪汉用他的诚实换来了幸运。我们可能没有这样的幸运，但是我们必须面对生活当中的相信与不相信。信任到底价值几何？对于流浪汉来说是一张没有密码的信用卡，对于我们恐怕是沉重的叩问吧。

不知道为何，近年来我们经常听到"扶老人被讹"的事件，四川彭州、陕西汉中、安徽淮南均有发生。这种事件层出不穷，无论是撞没撞，讹没讹，你总会听到一个奇妙的逻辑，你不撞人你为什么去救人，你不撞人你为什么拨打 120，你不撞人你为什么送他到医院以及垫付医药费？我们演绎了千万种罗生门事件，逻辑却是始终如一，本质就是我们内心的不信任，因为我们的不信任，我们失去的是一条条可以被我们拯救的生命。

佛山的小悦悦事件中，正是由于我们的不相信，一场判决扭曲了我们的道德规范。南京的彭宇案让我们的人心至今悬而未决。因为我们的不相信，我们每一次都人人自慰，然后人人自危，最后人人自伤。我们让善良在良心与罪恶之间徘徊不定，在冷漠与麻木之中越陷越深。是时候了，我们是时候要为这样的不相信松绑了。

古人有言：“人无信则不立；人无忠信，不可立于世。”这句话是说信任是我们的立身之本，是一种本能。信任是这个社会的秩序和法则。我们需要本能、信仰、法则。本能是我们人心最初的善，信任是我们人心汇聚的爱，法则保护我们每一个人的信任都牢不可破，坚不可摧。也只有这样，不撞人就不会救人的逻辑才不会有机可乘。也只有这样，我们在做好事的时候，才不会有丝毫的迟疑和犹豫。我们每一个人都有一张信用的通行证，它没有密码，它可以让我们在人心向善的道路上畅行无阻，让我们的爱广阔无疆。

立身之基，兴业之本

美术学院　郑金苹

相信大家一定都多多少少看过古装剧，古代开镖局的人最常说的就是："行走江湖，靠的就是信义二字。"在二十一世纪的今天，我们仍然相信这句话，只是信义变成了诚信，江湖变成了社会。在高新技术飞速发展的时代，在强大的网络虚拟空间，每天都有企业倒闭破产，但总一些坚持诚信原则的企业像打不死的小强一般能在每一次的比拼中赢得胜利，如海尔与联想。

在 2008 年，我们中国第一次举办了奥运会，这一年 9 月发生了一件引起国民高度关注的事情：三鹿奶粉事件。

事件引起国家的高度关注和对乳制品的监管。国家要求所有问题产品立刻下架。事件重创中国制造商品信誉，多个国家禁止了中国乳制品进口。一直到了 2008 年 9 月 24 日，国家质检总局表示，牛奶事件已得到控制。

苏轼说："苟非吾之所有，虽一毫而莫取。"没有售货员看守，全由买菜的人自己拿钱付钱找零，这是广西横县镇罗凤村独特的百年不衰的买菜方式，菜价在涨，村里的人口也在增多，但是诚信之风仍代代相传。村民们把菜放到摊位上就可以去忙别的活，慢慢就形成了"无人菜市"。如果没有零钱，人们自己从盒子里找零，大家都形成了一种默契和信任，没有人会多拿钱。

后记

在新一轮科技革命浪潮冲击、高等教育激烈竞争、我国经济结构和产业结构转型发展的大背景下，地方普通高校纷纷开始了向应用型大学发展的重大转型，此次转型在人才培养上最显著的特征是更加重视创新意识和创造能力培养。四川文理学院作为四川省布局在川东北地区唯一一所省属普通本科高校，审时度势，果断开启了向应用型发展的转型之路，确立了“建设特色鲜明优势突出的高水平应用型大学”的发展目标，做出了建设专业集群的重大决策，重塑“三心四能五复合”人才培养目标，实施“学生主体、教师主导、社会合作、环境育人”的发展思路，主动在内涵建设中塑造特色和优势、在错位发展中寻求突破和提升。财经管理学院作为学校整合资源新设立的二级学院，所办专业应用性很强，具有承载学校转型发展、内涵建设重任的潜力和基础，理应在应用型方向上迈出更大、更坚实的步伐。财经管理学院构建了“信、济、敏、能”的人才培养目标，制订了“12345”总体架构，以校银协同共建诚信文化教育基地为突破口，开始了转型发展、内涵建设的实践探索。近年来，四川文理学院先后被达州市社会诚信文化建设领导小组、四川省社会信用体系建设领导小组授予达州市首批“诚信文化教育基地”和四川省首批“诚信文化教育试点学校”。诚信文化教育基地建设呈现出协同育人长效机制构建、协同育人专项发展基金设立、联合科研教学团队打造、横向课题研究、企业课程建设、系列主题教育活动等多方位的立体式、纵深性拓展的鲜明特征。《校银协同共建诚信文化教育基地研究》就是对近年来诚信文化教育基地建设取得的成效和经验的初步总结和归纳。

《校银协同共建诚信文化教育基地研究》是一项集体成果，本书设置编著委员会：四川文理学院党委委员、财经管理学院院长傅忠贤教授和中国人民银行达州市中心支行党委书记、行长侯丰荣担任主任；中国人民银行达州市中心支行党委委员、副行长何永川，中国工商银行达州分行党委书记、行长赵建民，财经管理学院副院长孟秋菊教授和党政办主任程子彪副教授担任副主任；财经管理学院党总支书记李兴贵、中国人民银行达州市中心支行征信科科长张黛薇、中国工商银行达州分行资金信贷部总经理吴轩、物流管理教研室主任王情香副教授、审计学教研室主任苟聪聪、财经管理学院工会小组长熊光明、政治辅导员魏晓军为成员。傅忠贤具体负责该书的选题规划、统筹架构、组织协调、统稿改稿、成果出版等事宜；程子彪协助傅忠贤院长做好组织实施、文稿辑录、稿件审核等工作；魏晓军老师在诚信文化演讲稿的遴选组稿和照片选录方面做了大量前期准备工作。本书收录了财经管理学院部分教师依托诚信文化教育基地，围绕人才培养模式构建、实践教学体系打造、教育教学改革深化、专业基础课程建设、创新性教学方法探索、思想政治工作方法创新、党建学团工作特色塑造、诚信文化教育系列主题教育活动开展等方面的研究成果13篇，特别是收录了中国人民银行达州市中心支行和中国工商银行达州分行的2篇研究成果。还收录了遴选出的三届诚信文化演讲大赛决赛选手的46篇优秀演讲文稿，演讲文稿涉及3所高中等学校和四川文理学院11个二级学院的学生。

本书的出版得到四川文理学院党委、行政的大力支持，学校党委书记、教授、博士生导师、四川省学术和技术带头人王成端和学校校长、教授、硕士生导师、四川省有突出贡献的优秀专家、四川省学术和技术带头人刁永锋亲自为该书作序；学校党委常委、副书记侯忠明教授，学校党委常委、副校长李壮成教授，学校党委常委、副校长徐晓宗教授，学校党委常委、副校长邓杰教授等不仅多次出席诚信文化演讲大赛，而且对财经管理学院以诚信文化教育基地建设为切入点的实践教学和实践教学基地建设给予了高度重视和大力帮助。中国人民银行达州市中心支行党委书记、行长侯丰荣，副行长何永川，中国工商银行达州分行党委书记、行长赵建明不仅大力关心支持诚信文化基地建设而且提交了他们的研究成果。中国人民银行达州市中心支行党委委员、工会主席肖光庆，征信科原科长陈杨、现任科长张黛薇、副科长谭梅，中国工商银行达州分行党委委员、副行长梁亮，资金信贷部总经理吴轩、副总经理夏茂林对推进诚信文化基地建设做出了重要贡献。西南财经大学出版社为该书的出版给予了极大的关心和照顾，王琳和骆柏廷二位编辑付出了大量心血，在此一并向他们表示最真诚的谢意。本书的研究者们也参阅了大量前人的文献资料，一并向文献资料的作者们表示衷心的感谢。

财经管理学院的内涵建设、转型发展是一个系统工程，诚信文化基地建设也是一项长期性工作，本书收录的成果都是作者们初步研究的结果，今后一定会更好地进行横向拓展和纵向深化。由于实践探索时间较短，研究者们的知识、能力和水平也有待进一步提升，该书仍存在不少偏颇或错误，恳请专家学者特别是本书的读者批评指正。我们坚信诚信文化教育基地建设一定会有更加广阔的发展前景。

傅忠贤

2019 年 1 月 15 日